CHRISTMAS SONGS

THE PIANO CHORD SONGBOOK

[Lyrics & chords plus
easy-to-read diagrams.
Over 40 Christmas
favourites.]

GW00715380

Published by
WISE PUBLICATIONS
14-15 Berners Street, London
United Kingdom.

Exclusive Distributors:
Music Sales Limited
Distribution Centre
Newmarket Road, Bury St Edmunds, Suffolk
United Kingdom.
Music Sales Pty Limited
20 Resolution Drive, Caringbah, NSW 2229,
Australia.

Order No.AM1003574
ISBN 978-1-78038-169-5
This book © Copyright 2011 Wise Publications,
a division of Music Sales Limited.

Unauthorised reproduction of any part of this publication by
any means including photocopying is an infringement of copyright.

Edited by Jenni Norey.

Printed in the EU.

Your guarantee of quality:
As publishers, we strive to produce every book to
the highest commercial standards.
This book has been carefully designed to minimise awkward
page turns and to make playing from it a real pleasure.
Particular care has been given to specifying acid-free, neutral-sized
paper made from pulps which have not been elemental chlorine bleached.
This pulp is from farmed sustainable forests and was produced
with special regard for the environment.
Throughout, the printing and binding have been planned to
ensure a sturdy, attractive publication which should give years of enjoyment.
If your copy fails to meet our high standards, please inform us and
we will gladly replace it.

www.musicsales.com

WISE PUBLICATIONS
part of The Music Sales Group
London / New York / Paris / Sydney / Copenhagen / Berlin / Madrid / Hong Kong / Tokyo

How to use this book

This Piano Chord Songbook contains complete lyrics and chord symbols for each song, plus clear, easy-to-read diagrams for every chord that you'll need to play.

The chord diagrams span an octave and a half, and they either show a section of the keyboard starting on C or F:

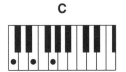

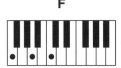

The diagrams show the notes of each chord in root position as a starting point for creating a piano part to play. For instance, you could play the chords in the right hand and the root note of the chord in the left in order to accompany a singer; alternatively, you could play the full chords in the left hand and improvise the melody in the right hand.

Some of the chord diagrams are 'slash' chords, such as C/G. In these cases you should play the chord symbol before the slash with your right hand and the bass note, shown after the slash, with your left hand.

Make sure you study all the chord diagrams before playing the piece through to familiarize yourself with the sound of each chord and to practise any tricky chord changes.

All I Want For Christmas Is You

Words & Music by Mariah Carey & Walter Afanasieff

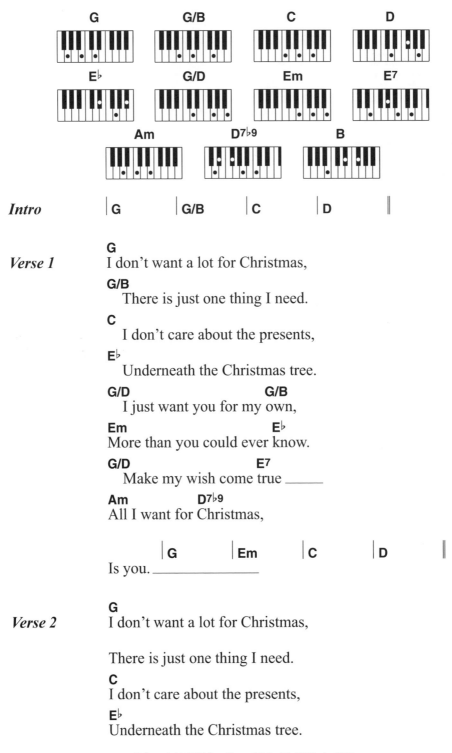

Intro ∣G ∣G/B ∣C ∣D ‖

Verse 1

G
I don't want a lot for Christmas,

G/B
   There is just one thing I need.

C
   I don't care about the presents,

E♭
   Underneath the Christmas tree.

G/D   G/B
   I just want you for my own,

Em   E♭
More than you could ever know.

G/D   E7
   Make my wish come true _____

Am   D7♭9
All I want for Christmas,

             ∣G   ∣Em   ∣C   ∣D   ‖
Is you. _____

Verse 2

G
I don't want a lot for Christmas,

There is just one thing I need.

C
I don't care about the presents,

E♭
Underneath the Christmas tree.

cont.

G
I don't need to hang my stocking,

        G/B
There upon the fireplace.

C
Santa Claus won't make me happy,

E♭
With a toy on Christmas day.

G   **G/B**
I just want you for my own,

Em   **E♭**
More than you could ever know.

G/D   **E⁷**
Make my wish come true,

Am   **D7♭9**   **G** │ **Em**   │
All I want for Christmas is you.

Am **D**
You, baby.

Verse 3

G
I won't ask for much this Christmas,

        G/B
I won't even wish for snow.

C
I'm just gonna keep on waiting,

E♭
Underneath the mistletoe.

G
I won't make a list and send it,

         G/B
To the North Pole for Saint Nick.

C
   I won't even stay awake to

E♭
Hear those magic reindeer click.

    G   **G/B**
'Cause I just want you here tonight,

Em   **E♭**
Holding on to me so tight.

G/D   **E⁷**
What more can I do?

     Am   **D7♭9**   **G** │ **Em**   │
Oh, baby all I want for Christmas is you.

Am   │ **D**   │
You. _____

Middle

B
   All the lights are shining,

  Em
So brightly everywhere.

B
   And the sound of children's,

Em
Laughter fills the air.

E♭
   And everyone is singing,

G/D   E⁷
   I hear those sleigh bells ringing.

Am
Santa won't you bring me the one I really need,

    D7♭9
Won't you please bring my baby to me.

Verse 4

  G
Oh, I don't want a lot for Christmas,

          G/B
This is all I'm asking for.

C
I just want to see my baby,

E♭
Standing right outside my door.

  G   G/B
Oh, I just want him for my own,

Em   E♭
More than you could ever know.

G/D   E⁷
Make my wish come true,

      Am   D7♭9
Oh, baby all I want for Christmas,

  G | Em | Am | D |
Is you. _____ (Baby.)

Outro

G   Em   Am D
All I want for Christmas is you, baby.

G   Em   Am D
All I want for Christmas is you, baby.

Repeat to fade

Another Lonely Christmas

Words & Music by Prince

B   **G#m**   **E♭m7**   **F#**   **E**   **G**

Chorus 1

B   G#m   E♭m7   F#
Last night   I spent another lonely Christmas,

B   G
Darling, darling, you should have been there.

F#
'Cause all the ones I dream about,

G
You are the one that makes my love shout,

      G#m   F#   E   B
See,   you are the only one I care for.

Verse 1

E
Remember the time we swam naked,

E♭m7
In your father's pool?

B
Boy he was upset that night,

E   **(B)**
But boy was that ever cool.

E
Remember the night we played pokeno for money,

E♭m7
And you robbed me blind.

B
Remember how you used to scream so loud,

          E   **(B)**
'Cause you hated that number nine.

E
Hey, I saw your sister skating on the lake,

E♭m7
This afternoon.

B
Good Heaven how she's grown,

    E
She swoons the boy skaters she's so tall.

        E
But of all your father's children,

E♭m7
   All your father's children, baby,

       B
You know, you are the finest of them all,

           E
You are brighter than the northern star, and I . . .

Chorus 2
B   G♯m E♭m7   F♯
  Last night   I spent another lonely Christmas,

B   G
  Darling, darling, you should have been there.

F♯
'Cause all the ones I dream about,

G
  You are the one that makes my love shout,

    G♯m   F♯   E B
See,   you are the only one I care for.

Verse 2
E
  My momma used to say,

E♭m7
  Always trust your lover.

F♯   E
Now I guess that only applies to her,

E
'Cause baby you promised me,

E♭m7   F♯
  Baby you promised me you'd never leave,

B
  Then you died on the twenty fifth day of December.

E
Oh baby,

Chorus 3
B   G♯m E♭m7   F♯
  Last night   I spent another lonely Christmas,

B   G
  Darling, darling, you should have been there.

F♯
'Cause all the ones I dream about,

G
  You are the one that makes my love shout,

    G♯m   F♯   E B
See, you are the only one I care for.

Verse 3

E
   Your father said it was pnemonia,

E♭m7
   Your mother said it was stress,

B
   But the doctor said you were dead,

And now, I say its senseless.

E
   Every Christmas night for seven years now,

E♭m7
   I drink banana daquaris 'til I'm blind.

B
   As long as I can hear you smiling baby,

You won't hear my tears,

Another lonely Christmas is mine.

Yeah, mine,

Yeah, another lonely Christmas is mine.

Chorus 4

B   G♯m E♭m7   F♯
   Last night   I spent another lonely Christmas,

B   G
   Darling, darling, you should have been there.

F♯
'Cause all the ones I dream about,

G
   You are the one that makes my love shout,

     G♯m   F♯   E   B
See,   you are the only one I care for.

Amazing Grace

Words & Music by John Newton

A   D   E

Verse 1

 A   D   A
Amazing grace, how sweet the sound
                       E
That saved a wretch like me,
 A   D   A
I once was lost but now I'm found,
             E   A
Was blind but now I see.

Verse 2

        A   D   A
'Twas grace that taught my heart to fear
                 E
And grace my fear relieved,
        A   D   A
How precious did that grace appear,
             E   A
The hour I first believed.

Verse 3

        A   D   A
Through many dangers, toils and fears
               E
We have already come,
        A   D   A
'Twas grace that brought us safe thus far,
             E   A
And grace will lead us home.

Verse 4

        A   D   A
When we've been there ten thousand years,
               E
Bright shining as the sun,
        A   D   A
We've no less days to sing God's praise
             E   A
Than when we first began.

Verse 5

       A   D   A
Amazing grace, how sweet the sound

                    E
That saved a wretch like me,

   A   D   A
I once was lost but now I'm found,

             E   D   A
Was blind but now I see. ____

Angels From The Realms Of Glory

Music: Traditional
Words by James Montgomery

Verse 1

G   Bm   D7 G
Angels from the realms   of glory,

Em   Bm D7   G
Wing your flight o'er all the earth,

                        Em D7   G
Ye who sang cre - a - tion's story,

                          D7   G
Now proclaim Mes - siah's birth.

Chorus 1

G   E | Am D/F♯ | G C/E | D
Come_____ and worship,

Em   D   G   Am G   D
Christ the new - born King,_____

G   E | Am D/F♯ | G C/E | D   D/F♯
Come_____ and wor - ship,

G   D   Em   Am G/B D/F♯ G
Wor - ship Christ the new - born King.

Verse 2

G   Bm D7 G
Shepherds in the field a - biding,

Em   Bm D7   G
Watching o'er your flocks by night.

                   Em D7   G
God with man is now   re - siding;

                   D7   G
Yonder shines the infant light.

Chorus 2   As Chorus 1

Verse 3

G   Bm D7   G
Sages, leave your con - tem - plations;

Em   Bm D7   G
Brighter visions beam   a - far;

                Em D7   G
Seek the great De - sire   of Nations,

                D7   G
Ye have seen his natal star.

Chorus 3   As Chorus 1

Verse 4

G   Bm D7 G
Saints before the al - tar bending,

Em   Bm D7   G
Watching long in hope   and fear,

               Em D7   G
Suddenly the Lord,   des - cending,

              D7   G
In his temple shall ap - pear.

Chorus 4   As Chorus 1

Verse 5

G   Bm D7   G
Though an infant now   we view him,

Em   Bm D7   G
He shall fill his Fa - ther's throne,

              Em D7 G
Gather all the na - tions to him;

              D7   G
Every knee shall then bow down:

Chorus 5   As Chorus 1

Away In A Manger

Traditional

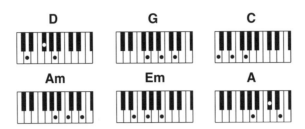

Verse 1

```
D  G     D  G            C  Am
A - way in a  manger, no crib for a  bed,
       D   Em  G  A         D
The little Lord Jesus laid down His sweet head.
     G     D  Em        G          C
The stars in the bright sky looked down where He lay,
     Am D  Em  Am     D G
The little Lord Jesus asleep on the hay.
```

Verse 2

```
D  G     D  G            C  Am
The cattle are lowing, the Baby a - wakes,
       D   Em  G  A       D
But little Lord Jesus, no crying He makes.
  G       D   Em     G          C
I love Thee, Lord Jesus, look down from the sky
     Am    D  Em     Am     D  G
And stay by my side until morning is  nigh.
```

Verse 3

```
D  G     D   G           C  Am
Be near me, Lord Jesus, I ask Thee to  stay
       D  Em G  A        D
Close by me for ever and love me, I pray.
     G    D  Em     G        C
Bless all the dear children in Thy tender care
     Am  D  Em     Am     D   G
And fit us for heaven, to live with Thee there.
```

Blue Christmas

Words & Music by Billy Hayes & Jay Johnson

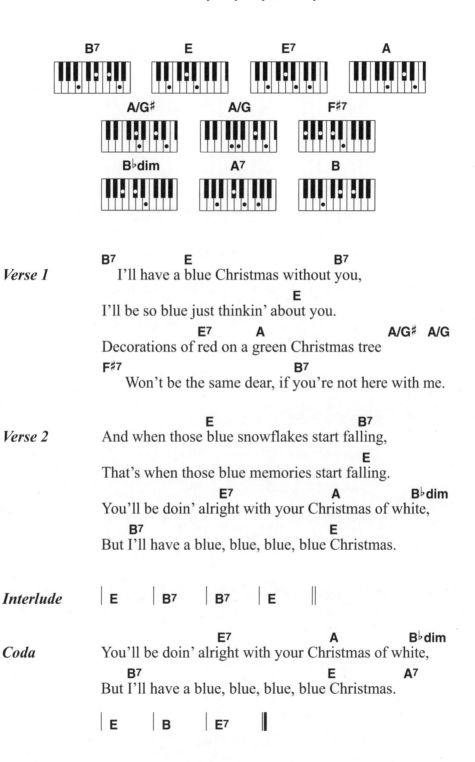

Verse 1

B7   E   B7
I'll have a blue Christmas without you,
        E
I'll be so blue just thinkin' about you.
     E7 A   A/G♯ A/G
Decorations of red on a green Christmas tree
F♯7   B7
Won't be the same dear, if you're not here with me.

Verse 2

      E   B7
And when those blue snowflakes start falling,
         E
That's when those blue memories start falling.
     E7   A B♭dim
You'll be doin' alright with your Christmas of white,
 B7   E
But I'll have a blue, blue, blue, blue Christmas.

Interlude | E | B7 | B7 | E ‖

Coda

     E7   A B♭dim
You'll be doin' alright with your Christmas of white,
 B7   E A7
But I'll have a blue, blue, blue, blue Christmas.

| E | B | E7 ‖

Baby, It's Cold Outside

Words & Music by Frank Loesser

D   B♭sus4   Asus4   Em

Bm7   A   A7

Am   G   Gm

Original key E♭ major

Intro | D | D | B♭sus4 | B♭sus4 |

| Asus4 | Asus4 Em | D Bm7 | Em A ‖

Verse 1

D
I really can't stay,

(But baby it's cold outside.)

Em   A
I've got to go a - way,

Em   A
(Oh, baby it's cold out - side.)

D   A7
This evening has been,

D
(Been hoping that you'd drop in.)

Am
So very nice.

D
(I'll hold your hands, they're just like ice.)

G
My mother will start to worry,

(Beautiful, what's your hurry?)

Gm
My father will be pacing the floor,

(Listen to that fire place roar.)

(cont.)

        D   **Bm7**
So really I'd better scurry,

(Oh, beautiful please don't hurry.)

        Em   **A**
Oh maybe just a half a drink more!

(Why don't you put some records on while I pour?)

Verse 2

        D
The neighbours might think,

(Oh baby, it's bad out there.)

        Em   **A**
Say what's in this drink?

                   Em   **A**
(But there's no cabs to be had out there.)

        D   **A7**
I wish I knew how,

              D
(Your eyes are like star light.)

                 Am
To break this spell,

                 D
(I'll take your hat, your hair looks swell.)

      G
I ought to say no, no, no sir,

(Mind if I move a little closer?)

        Em   **A**
At least I'm gonna say that I tried.

(What's the sense in hurting my pride?)

      D
I really can't stay,

            Bm7
(Baby don't hold out,)

                E   **A**   **D**
Ah, but it's cold out - side.

Instrumental | **D** | **D** | **B♭sus⁴** | **B♭sus⁴** |

| **Asus⁴** | **Asus⁴ Em** | **D Bm⁷** | **Em A** ‖

         D

Verse 3   I simply must go,

(Oh baby it's cold outside.)
     Em   **A**
The answer is no,
            Em   **A**
(You know it's cold outside.)
      D   **A⁷**
This welcome has been,
           D
(I'm lucky that you dropped in.)
          Am
So nice and warm.
         D
(Look out the window at that storm.)
   G
My sister will be suspicious,

(Oh your lips look delicious.)
   Gm
My brother will be there at the door,

(Like waves upon a tropical shore.)
    D   **Bm⁷**
My maiden aunt's mind is vicious,

(Oh your lips are delicious.)
    Em   **A**
Oh maybe just a cigarette more.

(Never such a blizzard before.)

Verse 4

    D
I've got to go home,

(Oh, baby, you would freeze out there.)

    Em   **A**
Say, lend me your comb.

               Em   **A**
(You know it's up to your knees out there.)

    D   **A⁷**
You've really been grand,

    D
(I thrill when you touch my hand,)

       Am
But don't you see,

      D
(How can you do this thing to me?)

    G
There's bound to be talk tomorrow,

(Making my life long sorrow.)

  Em   **A⁷**
At least there will be plenty im - plied,

(If you caught pneumonia and died,)

  D
I really can't stay -

      Bm⁷
(Get over that old out)

      E   **G**   **D**
Ah, but it's cold out - side.

Christmas Lights

Words & Music by Guy Berryman, Jonny Buckland,
Will Champion & Chris Martin

G   Gmaj⁷   C/E   D/F♯

C   D   Gmaj⁷/C

Em   G/F♯   Em⁷

G/B   Dsus⁴   G/D

Intro

| G | Gmaj⁷ | G | G |

| G | G | G | C/E D/F♯ |

| G | G | G | C   D |

Verse 1

G   C/E   D/F♯
Christmas night, another fight, tears we cried a flood.
G   C   D
Got all kinds of poison in, of poison in my blood.
        G   C/E   D/F♯
I   took my feet to Oxford Street trying to right a wrong.
        G   C   [
Just walk away those windows say, but I can't believe she's gone.

Chorus 1

            Gmaj⁷/C
When you're still waiting for the snow to fall,
        C   D
It doesn't really feel like Christmas at all.

Link 1

| G | G | G | C/E D/F♯ |

| G | G | G | C   D |

Verse 2

(D)   **Em**   **C**
Up above candles on air flicker, oh, they flicker and they float.

       G   **D**
But I'm up here holding on to all those chandeliers of hope.

           Em   **C**
Like some drunken Elvis singing, I go singing out of tune.

       G   **D**
Saying how I always loved you darling and I always will.

Chorus 2

(D)   **Gmaj7/C**
Oh, when you're   still waiting for the snow to fall,

  C   **D**
It doesn't really feel like Christmas at all.

Gmaj7/C
  Still waiting for the snow to fall,

  C
It doesn't really feel like Christmas at all.

Link 2

| **G** | | **G/F♯** | | **Em7** | | **G/B** | |

| **C** | | **C** | | **C** | | **Dsus4** | |

Verse 3

G/D   **D**   **C/E**   **G**
Those Christ - mas lights light up the street,

                   C   **G**
Down where the sea and city meet.

               C   **Em**
May all your troubles soon be gone,

               G   **D** **G**
Oh, Christmas lights keep shin - ing on.

Verse 4

G/D   **D**   **C/E**   **G**
Those Christ - mas lights light up the street,

                   C   **G**
Maybe they'll bring her back to me.

               C   **Em**
Then all my troubles will be gone,

               G   **D** **G**
Oh, Christmas lights keep shin - ing on.

Link 3 | D | G | G C/E | G | G |

     | C | C | G |

G   C   Em   G D G
Oh, oh, oh, oh, oh, oh, oh.

Verse 5

G/D   G   C/E   G
Oh, Christmas lights light up the street,

         C   G/B
Light up the fireworks in me.

G   C   Em
May all your troubles soon be gone,

             G   D G
Those Christmas lights keep shin - ing on.

Christmas Time (Is Here Again)

Words & Music by George Harrison, John Lennon,
Paul McCartney & Ringo Starr

D   G7   Em7   A

Spoken   Inter-planetary mix - page four hundred and forty four.

Verse 1
D
Christmas time is here again,

Christmas time is here again,
G7
Christmas time is here again,
D
Christmas time is here again,
Em7   **A**
Ain't been round since you know when,
D
Christmas time is here again,
                    A
O-U-T spells 'out'.

Verse 2   As Verse 1

Verse 3
D
Christmas time is here again,

Christmas time is here again,
G7
Christmas time is here again,
D
Christmas time is here again,
Em7   **A**
Ain't been round since you know when,
D
Christmas time is here again.   *Fade out*

Christmas Will Be Just Another Lonely Day

Words & Music by Lee Jackson & Patti Seymour

D   Daug   D6   D7

G   G/Bb   D/A

E7/G#   A7sus4   A

Em   A7   E7

Intro

| D | Daug | D6 | Daug ||

Verse 1

D
It's Christmas Eve and snow is on the ground,   Daug   D6   Daug
D   Daug   D6   D7
Mistletoe and holly all around.
      G   Gm/Bb   D/A   E7/G#
Yes, all the world is happy but since you went away
      G   A7sus4   A
My Christmas will be just
           D   Em
Another lonely day,
    A7   D
Another lonely day.

Verse 2

D
My tree is trimmed with pretty-coloured lights   Daug   D6   Daug
D   Daug   D6   D7
And at the top the Christmas stars shine bright.
      G   Gm/Bb   D/A   E7/G#
Yes everything around me is very bright and gay
      G   A7sus4   A
But Christmas will be just
           D   Em
Another lonely day,
    A7   D
Another lonely day.

Bridge

              G
I had a lonely September, October, November too,
          E^7   **A^{7}sus4**
But December is twice as lonely without you.

Verse 3

     D   **Daug**   **D^6**   **Daug**
But soon it will be time for Santa Claus
     D   **Daug**   **D^6**   **D^7**
And surely he will bring you back, because
      G   **Gm/B♭**   **D/A**   **E7/G♯**
Without you here beside me, my world will be so grey,
      G   **A^{7}sus4**   **A**
And Christmas will be just
         D   **Em**
Another lonely day,
   A^7   **D** **Daug**
Another lonely day,
        D^6 **Daug**
Another lonely day,
       D
Another lonely day.

The Coventry Carol

Traditional

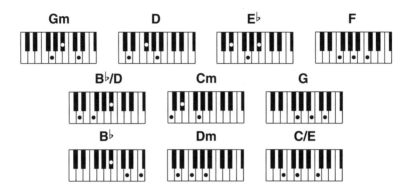

Refrain 1

Gm   D   Gm E♭ F   Gm D
Lully, lul - la, thou little ti - ny child,

Gm F B♭/D Cm D   G
By by, lul - ly lul - lay.

Verse 1

Gm   D   Gm
O, sis - ters too,

E♭   F   Gm D
How may we do

Gm F B♭/D Cm D   G
For to pre - serve this day.

B♭   F   Gm   Dm
This poor young - ling,

Gm F   C/E D
For whom we do   sing,

Gm D Gm Cm D   G
By by lul - ly lul - lay?

Verse 2

Gm   D   Gm
Herod the King,

E♭ F   Gm   D
In his rag - ing,

Gm   F   B♭/D Cm   D   G
Char - ged he   hath this day

B♭   F   Gm Dm
His men of   might

Gm F C/E D
In   his own sight,

Gm D   Gm   Cm D G
All   young child - ren to slay.

Verse 3

Gm   D Gm
That woe is me,

E♭   F   Gm D
Poor child for   thee!

Gm F   B♭/D Cm   D   G
And ev - er   morn and day,

B♭ F   Gm   Dm
For thy part - ing

      Gm F   C/E D
Nei - ther say nor   sing

Gm D Gm Cm D   G
By   by, lul - ly   lul - lay!

Refrain 2

Gm   D   Gm E♭   F   Gm D
Lully, lul - la,   thou little ti - ny   child,

Gm F   B♭/D Cm D   G
By by, lul - ly   lul - lay.

Deck The Halls

Traditional

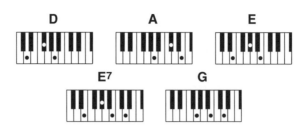

Verse 1

D
Deck the halls with boughs of holly
A   **D**   **A D**
Fa la la la la, la la la la.

'Tis the season to be jolly
A   **D**   **A D**
Fa la la la la, la la la la.

A   **D**   **A**
Don we now our gay apparel
D   **E7**   **A E A**
Fa la la, la la la, la la la.
D
Troll the ancient Yuletide Carol
G   **D G D A D**
Fa la la la la, la la la la.

Verse 2

D
See the blazing yule before us
A   **D**   **A D**
Fa la la la la, la la la la.

Strike the harp and join the chorus
A   **D**   **A D**
Fa la la la la, la la la la.

A   **D**   **A**
Follow me in merry measure
D   **E7**   **A E A**
Fa la la, la la la, la la la.
D
While I tell of Yuletide treasure
G   **D G D A D**
Fa la la la la, la la la la.

Don't Shoot Me Santa

Words & Music by Brandon Flowers, Dave Keuning,
Mark Stoermer & Ronnie Vannucci

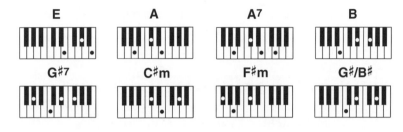

Verse 1

    E   A   A⁷
Oh Santa, I've been waiting on you.

           E   B
"That's funny kid because I've been coming for you."

G♯7   C♯m
  Oh Santa, I've been killing just for fun.

F♯m
   "Well the party's over kid,

           A⁷
Because I,   because I got a bullet in my gun."

                B
A bullet in your what?

Santa's got a bullet in his gun,

You know it, Santa's got a bullet in his gun.

Chorus 1

(B)   E
Don't shoot me Santa Claus,

                         B
I've been a clean living boy, I promise you,

   G♯/B♯   C♯m
Did every little thing you asked me to.

   B   A   B
I can't believe the things I'm going through.

             E
Don't shoot me Santa Claus,

                     B
Well no one else around be - lieves me,

   G♯/B♯   C♯m
But the children on the block they tease me,

  B   A   B
I couldn't let them off that easy.

Verse 2

    E   A   A⁷
Oh Santa, it's been a   real hard year.

                        E
"There just ain't no gettin' around this,

                       B
Life is hard, but look at me,   I turned out all right."

G♯7   C♯m
  Hey Santa, why don't we talk about it,   work it out?

            F♯m
"Believe me, this ain't what I wanted,

I love all you kids, you know that.

     A⁷
Hell,   I remember when you were just ten years old,

Playing out there in the desert,

                   B
Just waiting for a sip of that sweet Mojave rain."

In the sweet Mojave rain,

The boy was on his own.

Chorus 2

(B)   E
Don't shoot me Santa Claus,

                        B
I've been a clean living boy, I promise you,

   G♯/B♯   C♯m
Did every little thing you asked me to.

 B   A   B
I can't believe the things I'm going through.

     E
Hey, Santa Claus,

                    B
Well no one else around be - lieves me,

     G♯/B♯   C♯m
But the children on the block they tease me,

 B   A   B
I couldn't let them off that easy.

Bridge

    (B)   **A**
They had it coming,

         B
So why can't you see?

        E   **A**
I couldn't turn my cheek no longer.

F♯m   **C♯m**   **F♯m**
   The sun is going down and Christmas is near,

  B   **E**
Just look the other way and I'll disappear for - ever.

Whoo!

Guitar solo

| E | E | B | G♯/B♯ |

| C♯m | B | A | B ‖

Chorus 3

(B)   **E**
Don't shoot me Santa Claus,

              B
Well no one else around be - lieves me,

    G♯/B♯   **C♯m**
But the children on the street they tease me,

 B   **A**
I couldn't let them off that easy.

    B
Be - lieve me,

E   **C♯m** **A** **B** **E**
Santa, Santa.

Ding Dong! Merrily On High

Music: Traditional
Words by George Woodward

Verse 1

G   C   D7
Ding dong! Merrily on high,

C   D7   G
In heav'n the bells are ringing.

C   D7
Ding dong! Verily the sky,

C   D7   G
Is riv'n with angel singing.

Refrain 1

| G | C | G | D | C | D |
Glo - - - - - - - - - - - - - ria

C   D7   G
Ho - sanna in ex - celsis!

Verse 2

```
G       C                   D7
E'en so here below, be - low,
    C       D7      G
Let steeple bells be swungen,
    C       D7
And io, io, io,
    C           D7      G
By priest and people sungen.
```

Refrain 2   As Refrain 1

Verse 3

```
G       C       D7
Pray you dutifully prime,
    C   D7          G
Your matin chime, ye ringers;
        C           D7
May you beautifully rhyme
    C       D7      G
Your evetime song, ye singers.
```

Refrain 3   As Refrain 1

Everything's Gonna Be Cool This Christmas

Words & Music by Mark Everett

A   D   G

Original key A♭ major

Intro | A | D | A | D   ‖

Verse 1
 A   D
Remember last year when you were on your own,
 A   D
You swore the spirit couldn't be found.
 A
December rolled around,
          D   G   D
And you were counting on it to roll out.

Chorus 1
 A   D   A
But everything's gonna be cool this Christmas,
          D
(Everything's gonna be cool this Christmas.)
 A   D   A
Everything's gonna be cool this Christmas,
          D
(Everything's gonna be cool this Christmas.)
 A   D   G   D
Everything's gonna be cool this Christmas,

Interlude | A | D | A | D |

Verse 2
 A   D
Well everybody's looking for you down at the house,
 A   D
The tree is looking so inspired.
 A   D
There's a yuletide groove waiting for you to move,
      G   D
Oh, come and throw another log on the fire.

Chorus 2	As Chorus 1		

Interlude 2 |A |D |A |

       A   D
       Baby Jesus, born to rock.

Instrumental |G |D |G |D |G |D   ‖A |D |A |D |

          A
Middle   As days go by,
                 D
         The more that we need friends,
             A   D
         And the harder they are to find.
         A   D
         If I could have a friend like you in my life,
           G   D
         Then I guess I'd be doing just fine.

Chorus 3   As Chorus 1

Outro |G |D |G |D |
               |G |D |G |D |
               |A |D |A |D |
               |A |D |A |D |
               |Ȃ   ‖

Fairytale Of New York

Words & Music by Shane MacGowan & Jem Finer

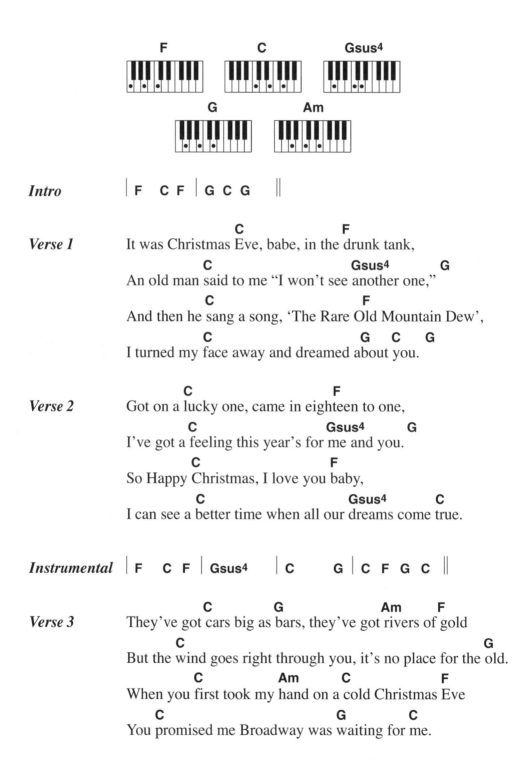

Intro | F   C F | G C G   ‖

Verse 1
                       C   F
It was Christmas Eve, babe, in the drunk tank,
             C   Gsus4   G
An old man said to me "I won't see another one,"
               C   F
And then he sang a song, 'The Rare Old Mountain Dew',
               C   G   C   G
I turned my face away and dreamed about you.

Verse 2
               C   F
Got on a lucky one, came in eighteen to one,
               C   Gsus4   G
I've got a feeling this year's for me and you.
               C   F
So Happy Christmas, I love you baby,
               C   Gsus4   C
I can see a better time when all our dreams come true.

Instrumental | F   C F | Gsus4 | C   G | C F G C ‖

Verse 3
               C   G   Am   F
They've got cars big as bars, they've got rivers of gold
             C   G
But the wind goes right through you, it's no place for the old.
             C   Am   C   F
When you first took my hand on a cold Christmas Eve
             C   G   C
You promised me Broadway was waiting for me.

Verse 4

          C   G
You were handsome, you were pretty, queen of New York City.

            C   F   G   C
When the band finished playing, they howled out for more.

      C
Sinatra was swinging, all the drunks they were singing,

        C   F   G   C
We kissed on a corner then danced through the night.

Chorus 1

        F   Am G   C   Am
And the boys from the NYPD   choir were singin' 'Galway Bay'

    C   F   G   C
And the bells were ringin' out for Christmas Day.

Link 1 | C G Am F | C   G | C Am C F | C   G C ||

Verse 5

          C   G
You're a bum, you're a punk, you're an old slut on junk

        C   F   G   C
Lying there almost dead on a drip in that bed.

      C
You scumbag, you maggot, you cheap lousy faggot,

        C   F   G   C
Happy Christmas your arse, I pray God it's our last.

Chorus 2   As Chorus 1

Link 2 | C | F | C   F | G C G ||

Verse 6

          C   F
I could have been someone, well so could anyone.

          C   Gsus4   G
You took my dreams from me when I first found you.

        C   F
I kept them with me, babe, I put them with my own,

          C   F   G   C
I can't make it   all alone, I've built my dreams around you.

Chorus 3   As Chorus 1

The First Nowell

Traditional

D   Bm   A

A7   G   F#m

Verse 1

D   Bm   A   A7   D   G   D
The first No - well the Angels did say,

A7   D   A7   D   G   A7   D   A7   D
Was to certain poor shepherds in   fields as they lay;

A7   D   Bm   A   A7   D   G   D
In   fields where they lay keeping their sheep,

A7   D   G   D   G   A7   D   A7   D
On a cold winter's night __ that was so   deep.

A7   D   G   F#m   D   G   D   A
No-well, No-well, No-well, No-well, ___

Bm   G   D   G   A   D   A7   D
Born is the King __ of Is - ra - el.

Verse 2

      D   Bm   A   A7   D   G   D
They lookéd   up and saw a   star,

A7   D   A7   D   G   A7   D   A7   D
Shining in   the east, __ be - yond them far,

A7   D   Bm   A   A7   D   G   D
And to   the   earth it   gave great light,

A7   D   G   D   G   A7   D   A7   D
And so it con-tin-ued both day and night.

A7   D   G   F#m   D   G   D   A
No-well, No-well, No-well, No-well, ___

Bm   G   D   G   A   D   A7   D
Born is the King __ of Is - ra - el.

Verse 3

      D   Bm   A   A7   D   G   D
And by the   light of   that same Star,

A7   D   A7   D   G   A7   D   A7   D
Three Wisemen came __ from country far;

A7   D   Bm   A   A7   D   G   D
To   seek for a King was their in - tent,

A7   D   G   D   G   A7   D   A7   D
And to follow the Star __ wherever it   went.

A7   D   G   F#m   D   G   D   A
No-well, No-well, No-well, No-well, ___

Bm   G   D   G   A   D   A7   D
Born is the King __ of Is - ra - el.

Verse 4

D Bm A A⁷ D G D
This Star drew nigh un - to the north-west,

A⁷ D A⁷ D G A⁷ D A⁷ D
O'er Beth - le - hem ⸺ it took its rest,

A⁷ D Bm A A⁷ D G D
And there it did both stop and stay

A⁷ D G D G A⁷ D A⁷ D
Right over the place ⸺ where Je-sus lay.

A⁷ D G F♯m D G D A
No-well, No-well, No-well, No-well, ⸺

Bm G D G A D A⁷ D
Born is the King ⸺ of Is - ra - el.

Verse 5

D Bm A A⁷ D G D
Then entered in those Wisemen three,

A⁷ D A⁷ D G A⁷ D A⁷ D
Full rev'rent - ly ⸺ up - on their knee,

A⁷ D Bm A A⁷ D G D
And of - fered there, in His presence,

A⁷ D G D G A⁷ D A⁷ D
Their gold and myrrh ⸺ and frankin - cense.

A⁷ D G F♯m D G D A
No-well, No-well, No-well, No-well, ⸺

Bm G D G A D A⁷ D
Born is the King ⸺ of Is - ra - el.

Verse 6

D Bm A A⁷ D G D
Then let us all with one ac - cord,

A⁷ D A⁷ D G A⁷ D A⁷ D
Sing praises to ⸺ our Heavenly Lord,

A⁷ D Bm A A⁷ D G D
That hath made Heaven and earth of nought,

A⁷ D G D G A⁷ D A⁷ D
And with His blood ⸺ mankind hath bought.

A⁷ D G F♯m D G D A
No-well, No-well, No-well, No-well, ⸺

Bm G D G A D A⁷ D
Born is the King ⸺ of Is - ra - el.

Happy Xmas (War Is Over)

Words & Music by John Lennon & Yoko Ono

A | Asus2 | Asus4 | Bm | Bsus2

Bsus4 | Esus4 | E | E(add9)

D | Dsus2 | Dsus4 | Em

Em(maj7) | Em(add9) | G | E7

Verse 1

              A   **Asus2 Asus4**
So this is Christmas

            A   **Bm**   **Bsus2 Bsus4**
And what have you done?

    Bm   **Esus4** **E E add9**
Another year over,

        E   **A**   **Asus2 Asus4**
A new one just begun.

        A   **D**   **Dsus2 Dsus4**
And so this is Christmas,

      D   **Em** **Em(maj7) E add9**
I hope you have fun,

       Em   **Asus4**   **A Asus2**
The near and the dear ones,

        A   **D**   **Dsus2 Dsus4**
The old and the young.

Chorus 1

       D   **G**
A very Merry Christmas

           A
And a happy New Year,

           Em   **G**
Let's hope it's a good one

          D **E7**
Without any fear.

Verse 2

                  A   **Asus2 Asus4**
And so this is Christmas

       A   **Bm**   **Bsus2 Bsus4**
For weak and for strong,

      Bm   **Esus4**   **E E add9**
The rich and the poor ones,

        E   **A**   **Asus2 Asus4**
The road is so long.

        E   **D**   **Dsus2 Dsus4**
And so happy Christmas

        D   **Em**   **Em(maj7) E add9**
For black and for white,

        Em   **Asus4**   **A Asus2**
For the yellow and the red ones,

        A   **D**   **Dsus2 Dsus4**
Let's stop all the fights.

Chorus 2   As Chorus 1

Verse 3

                  A   **Asus2 Asus4**
And so this is Christmas

       A   **Bm**   **Bsus2 Bsus4**
And what have we done?

     Bm   **Esus4** **E E add9**
Another year over,

        E   **A**   **Asus2 Asus4**
A new one just begun.

        A   **D**   **Dsus2 Dsus4**
And so happy Christmas,

     D   **Em**   **Em(maj7) E add9**
I hope you have fun,

        Em   **Asus4**   **A Asus2**
The near and the dear ones,

        A   **D**   **Dsus2 Dsus4**
The old and the young.

Chorus 3   As Chorus 1

Outro

A   **Asus2**   **Asus4** **A**
War is   o - ver,

Bm **Bsus2** **Bsus4** **Bm**
If   you   want   it,

Esus4 **E**   **E add9** **E**   **A**   **Asus2 Asus4 A**
War   is   o - ver now.

Happy Christmas.

The Holly And The Ivy

Traditional

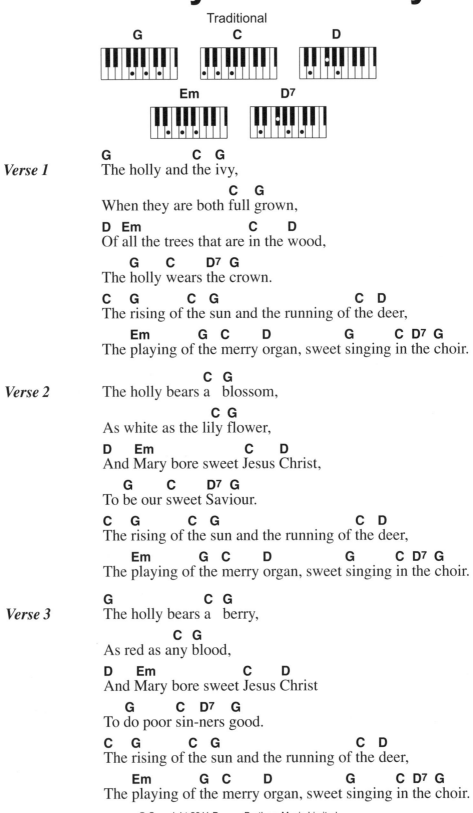

Verse 1

G   C G
The holly and the ivy,

                   C G
When they are both full grown,

D Em   C   D
Of all the trees that are in the wood,

     G   C   D⁷ G
The holly wears the crown.

C G   C G   C   D
The rising of the sun and the running of the deer,

       Em   G C   D   G   C D⁷ G
The playing of the merry organ, sweet singing in the choir.

Verse 2

                  C G
The holly bears a   blossom,

                 C G
As white as the lily flower,

D   Em   C   D
And Mary bore sweet Jesus Christ,

     G   C   D⁷ G
To be our sweet Saviour.

C G   C G   C   D
The rising of the sun and the running of the deer,

       Em   G C   D   G   C D⁷ G
The playing of the merry organ, sweet singing in the choir.

Verse 3

G   C G
The holly bears a   berry,

              C G
As red as any blood,

D   Em   C   D
And Mary bore sweet Jesus Christ

     G   C D⁷ G
To do poor sin-ners good.

C G   C G   C   D
The rising of the sun and the running of the deer,

       Em   G C   D   G   C D⁷ G
The playing of the merry organ, sweet singing in the choir.

Verse 4

       (G)   **C G**
The holly bears a   prickle,

               C G
As sharp as any thorn,

D   Em   **C   D**
And Mary bore sweet Jesus Christ

    G   **C D7**   **G**
On Christmas day in the morn.

C G   **C G**   **C D**
The rising of the sun and the running of the deer,

      Em   **G C**   **D**   **G**   **C D7 G**
The playing of the merry organ, sweet singing in the choir.

Verse 5

               C G
The holly bears a   bark,

             C G
As bitter as any gall,

D   Em   **C   D**
And Mary bore sweet Jesus Christ

    G C   **D7 G**
For to redeem us   all.

C G   **C G**   **C D**
The rising of the sun and the running of the deer,

      Em   **G C**   **D**   **G**   **C D7 G**
The playing of the merry organ, sweet singing in the choir.

Verse 6

               C G
The holly and the ivy,

                C G
When they are both full grown,

D Em   **C   D**
Of all the trees that are in the wood,

    G   **C**   **D7 G**
The holly bears the crown.

C G   **C G**   **C D**
The rising of the sun and the running of the deer,

      Em   **G C**   **D**   **G**   **C D7 G**
The playing of the merry organ, sweet singing in the choir.

I Saw Mommy Kissing Santa Claus

Words & Music by Tommie Connor

E   G#m   A   B

F#   F#m   C#

Intro | E | G#m || E | E | E | E ||

Verse 1

      E   G#m
I saw mommy kiss old   Santa Claus

A   E
Underneath the mistletoe last night.

             B
Well, she did not see me creep

         E
Downstairs to have a peep,

              F#
Well, she thought that I was tucked up

         B
In my bedroom fast asleep.

Well let me tell you that:

Chorus 1

     E   G#m   E
I saw mommy tickle old   Santa Claus

                         A
Underneath his beard so snowy white.

                         F#m
And what a laugh it would have been

         E   C#
If daddy would have walked right in,

         F#   B   E
And saw momma kissing Santa Claus last night.

Interlude || E | E | E | E ||

Verse 2

       E
       I saw mommy kissing Santa Claus

                   B
Underneath the mistletoe last night.

Well, she did not see me creep

        E
Downstairs to take a peek,

           F#
Well, she thought that I was tucked up

      B
In my bedroom fast asleep.

Well let me tell you now:

Chorus 2

 E   G#m   E
 I saw mommy tickle old   Santa Claus

                         A
Underneath his beard so snowy white.

                             F#m
And what a laugh it would have been

      E   C#
If old daddy had just walked right in,

        F#   B   E
And saw momma kissing Santa Claus last night.

Coda

E   G#m
I saw mommy kissing Santa Claus
E   B
Underneath the mistletoe last night.

I Saw Three Ships

Traditional

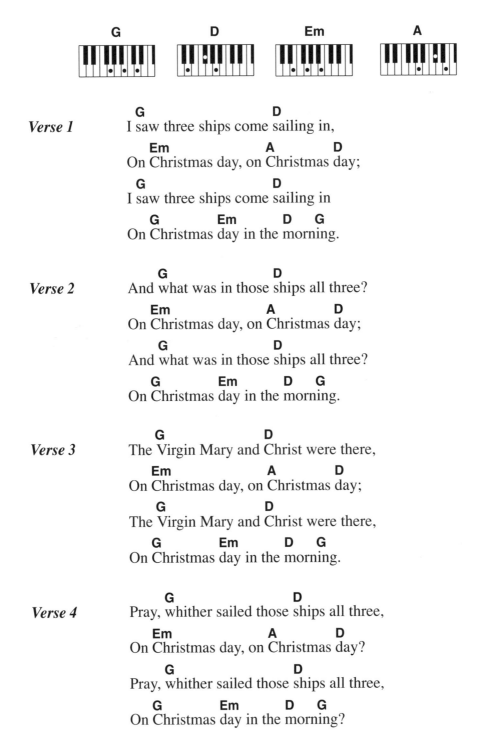

G   D   Em   A

Verse 1

     G   D
I saw three ships come sailing in,
      Em   A   D
On Christmas day, on Christmas day;
    G   D
I saw three ships come sailing in
     G   Em   D G
On Christmas day in the morning.

Verse 2

     G   D
And what was in those ships all three?
    Em   A   D
On Christmas day, on Christmas day;
     G   D
And what was in those ships all three?
     G   Em   D G
On Christmas day in the morning.

Verse 3

     G   D
The Virgin Mary and Christ were there,
    Em   A   D
On Christmas day, on Christmas day;
     G   D
The Virgin Mary and Christ were there,
     G   Em   D G
On Christmas day in the morning.

Verse 4

      G   D
Pray, whither sailed those ships all three,
    Em   A   D
On Christmas day, on Christmas day?
     G   D
Pray, whither sailed those ships all three,
     G   Em   D G
On Christmas day in the morning?

Verse 5

```
G              D
O they sailed into Bethlehem,
    Em              A          D
On Christmas day, on Christmas day;
    G              D
O they sailed into Bethlehem,
    G        Em        D   G
On Christmas day in the morning.
```

Verse 6

```
    G              D
And all the bells on earth shall ring,
    Em              A          D
On Christmas day, on Christmas day;
    G              D
And all the bells on earth shall ring,
    G        Em        D   G
On Christmas day in the morning.
```

Verse 7

```
    G              D
And all the angels in heaven shall sing,
    Em              A          D
On Christmas day, on Christmas day;
    G              D
And all the angels in heaven shall sing,
    G        Em        D   G
On Christmas day in the morning.
```

Verse 8

```
    G              D
And all the souls on earth shall sing,
    Em              A          D
On Christmas day, on Christmas day;
    G              D
And all the souls on earth shall sing,
    G        Em        D   G
On Christmas day in the morning.
```

Verse 9

```
    G        D
Then let us all rejoice again,
    Em              A          D
On Christmas day, on Christmas day;
    G        D
Then let us all rejoice again,
    G        Em        D   G
On Christmas day in the morning.
```

I Wish It Could Be Christmas Every Day

Words & Music by Roy Wood

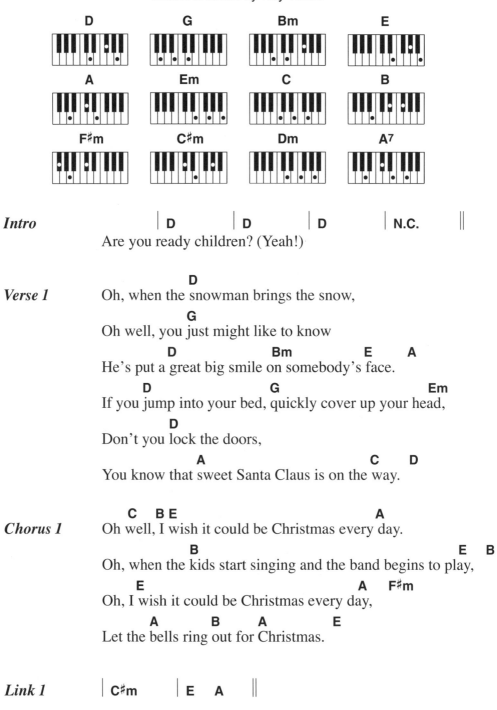

Intro | D | D | D | N.C. ‖

Are you ready children? (Yeah!)

Verse 1

               D
Oh, when the snowman brings the snow,

          G
Oh well, you just might like to know

       D   **Bm**   **E**   **A**
He's put a great big smile on somebody's face.

     D   **G**   **Em**
If you jump into your bed, quickly cover up your head,

     D
Don't you lock the doors,

        A   **C**   **D**
You know that sweet Santa Claus is on the way.

Chorus 1

    C **B** **E**   **A**
Oh well, I wish it could be Christmas every day.

       B   **E** **B**
Oh, when the kids start singing and the band begins to play,

  E   **A** **F#m**
Oh, I wish it could be Christmas every day,

    A   **B**   **A**   **E**
Let the bells ring out for Christmas.

Link 1 | C#m | E   A ‖

Verse 2

        D   G
When we're skating in the park, if the snow cloud paints it dark,

        D   Bm   E   A
Then your rosy cheek's gonna light my merry way.

        D   G   Em
Now the frosticles appear and they've frozen up my beard,

        D   A   C   D
So we'll lie by the fire 'til the sleep simply melts 'em all away.

Chorus 2

        C   BE   A
Oh well, I wish it could be Christmas every day.

           B   E   B
Oh, when the kids start singing and the band begins to play,

       E   A   F♯m
Oh, I wish it could be Christmas every day,

      A   B   A
Let the bells ring out for Christmas.

Instrumental | N.C. | N.C. | Bm | E | A | A | Bm | Dm |

| A | A | D | D | G | G | A⁷ | A⁷ ‖

Verse 3

                   D
Oh, when the snowman brings the snow

(When the snowman brings the snow.)

         G
Well you just might like to know (Well he just might like to know.)

        D   Bm   E   A
He's put a great big smile on somebody's face.

        D
So if Santa brings our sleigh (Santa brings that sleigh.)

     G   Em
All along the Milky Way, (Along the Milky Way.)

        D   A   C   D
I'll sign my name on the roof in the snow, then he may decide to stay.

Chorus 3   As Chorus 1

Okay you lot, take it!

Chorus 4   As Chorus 2

     F♯m   A   B   A   E
Outro   Why don't you give your love for Christmas?

Jingle Bell Rock

Words & Music by Joseph Beal & James Boothe

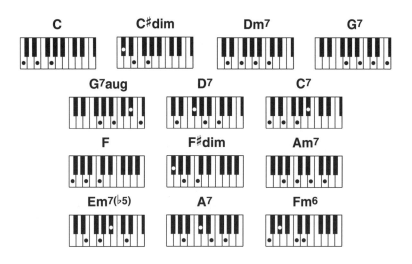

Verse 1

C
Jingle-bell, jingle-bell, jingle-bell rock,

         C♯dim   **Dm7**   **G7**
Jingle-bell swing and jingle-bells ring,

Dm7   **G7**   **Dm7**   **G7**
Snowin' and blowin' up bushels of fun

Dm7   **G7**   **G7aug**
   Now the jingle-hop has begun.

Verse 2

C
Jingle-bell, jingle-bell, jingle-bell rock,

         C♯dim   **Dm7**   **G7**
Jingle-bells chime in jingle-bell time,

Dm7   **G7**   **Dm7**   **G7**
Dancin' and prancin' in Jingle-bell Square

Dm7   **G7**   **C** **C7**
   In the frosty air._____

Middle 1

        F
What a bright time,

        F#dim
It's the right time

    C
To rock the night away

       Am7   **D7**   **Am7** **D7**
Jingle - bell time   is a swell time

G7   **Dm7**   **G7**
   To go glidin' in a one-horse sleigh.

Verse 3

   C
Giddy-ap, jingle horse pick up your feet

        Em7♭5   **A7**
Jingle a - round the clock

F   **Fm6**
Mix and mingle in a jinglin' beat

D7   **G7**   **C**
   That's the jingle-bell rock.

Verse 4

As Verse 1

Verse 5

As Verse 2

Middle 2

As Middle 1

Outro

   C
Giddy-ap, jingle horse pick up your feet

        Em7♭5   **A7**
Jingle a - round the clock

F   **Fm6**
Mix and mingle in a jinglin' beat

D7   **G7**
   That's the jingle-bell,

D7   **G7**
   That's the jingle-bell,

D7   **G7**   **C**   **F**   **C**
   That's the jingle-bell rock._____

Jingle Bells

Words & Music by James Lord Pierpont

          G   C   D7   A7

Verse 1

   G
Dashing through the snow
               C
In a one-horse open sleigh,
               D7
O'er the fields we go,
             G
Laughing all the way.

Bells on bobtail ring
            C
Making spirits bright.
             G
What fun it is to ride and sing
  D7   G
A sleighing song tonight.

Chorus 1

 (G)
Jingle bells, jingle bells,

Jingle all the way.
C   D7   C G
Oh, what fun it is to ride
      A7   D7
In a one-horse open sleigh.
   G
Oh, jingle bells, jingle bells,

Jingle all the way.
C   G
Oh, what fun it is to ride
    D7   G
In a one-horse open sleigh.

Verse 2

(G)
Now the ground is white,

     C
Go it while you're young,

     D7
Take the girls tonight,

     G
Sing this sleighing song.

Get a bobtailed bay,

     C
Two-forty for his speed,

      G
Then hitch him to an open sleigh

 D7   **G**
And you will take the lead.

Chorus 2

(G)
Jingle bells, jingle bells,

Jingle all the way.

C   **D7** **C G**
Oh, what fun it is to ride

  A7   **D7**
In a one-horse open sleigh.

  G
Oh, jingle bells, jingle bells,

Jingle all the way.

C   **G**
Oh, what fun it is to ride

  D7   **G**
In a one-horse open sleigh.

Joy To The World

Words by Isaac Watts
Music by George Frideric Handel

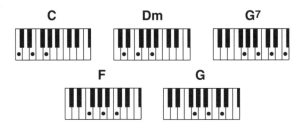

Verse 1

C   Dm C   G⁷ C

Joy to the world! The Lord is come,

    F   G⁷   C

Let Earth re - ceive her King.

           F C   F   C

Let eve - ry heart prepare Him room,

And heav'n and nature sing,

      G   G⁷

And heav'n and nature sing,

    C   F C   Dm C G⁷ C

And heav'n and heav'n and na - ture sing.

Verse 2

C   Dm C   G7   C
Joy to the world! The Sa - viour reigns;

     F   G7   C
Let men their songs em - ploy;

       C   F   C   F   C
While fields and floods, rocks, hills and plains,

Repeat the sounding joy,

   G   G7
Re - peat the sounding joy,

   C   F   C   Dm C   G7 C
Re - peat, re - peat the   sound - ing joy.

Verse 3

C   Dm C   G7 C
He rules the world with truth and grace,

     F   G7   C
And makes the nations prove

     C   F   C
The glo - ries of His righteousness,

And wonders of His love,

   G   G7
And wonders of His love,

   C   F   C   Dm C G7 C
And wonders, and won - ders of His love.

Just Like Christmas

Words & Music by Alan Sparhawk, Mimi Parker
& Zak Sally

A   Bm⁷   D   Dm

Verse 1 | **A** |

Bm⁷   **D**
On our way from Stockholm,
Dm   **A**
   Started to snow.
         Bm⁷   **D**
And you said it was like Christmas,
Dm   **A**   **Bm⁷**   **D**
   But you were wrong.
   Dm   **A**
It wasn't like Christmas at all.

| **Bm⁷** | **D** | **Dm** |

Verse 2   **A**   **Bm⁷**   **D**
   By the time we got to Oslo,
Dm   **A**   **Bm⁷**
   Snow was gone.
        D
And we got lost,
Dm   **A**   **Bm⁷**
   The beds were small,
       D   **Dm**
But we felt so young.

Chorus 1   **A**   **Bm⁷**
It was just like Christmas,
          D   **Dm**
It was just like Christmas.
          A   **Bm⁷**
It was just like Christmas,
          D   **Dm**
It was just like Christmas.

cont.

                                   A   **Bm⁷**

It was just like Christmas,

                                   D   **Dm**

It was just like Christmas.

Interlude ‖: **A** | **Bm⁷** | **D** | **Dm** :‖

    | **N.C.** | **N.C.** | **N.C.** | **N.C.** |

    | **A** | **Bm** |

Chorus 2

                                   D   **Dm**

It was just like Christmas.

                                   A   **Bm⁷**

It was just like Christmas,

                                   D   **Dm**

It was just like Christmas.

                                   A   **Bm⁷**

It was just like Christmas,

                                   D   **Dm**

It was just like Christmas.

Repeat to fade

Let It Snow! Let It Snow! Let It Snow!

Words by Sammy Cahn
Music by Jule Styne

Intro

| B♭ Cm7 | Dm7 E♭maj7 | Dm7 C#dim | Cm7 F7 ‖

Verse 1

       B♭   **Cm7**   **Dm7**   **E♭maj7**
Oh, the weather out - side is frightful,

      Dm7 C#dim   **Cm7**   **F7**
But the fire   is so de - lightful.

     Cm7   **G7**   **Cm7 C#dim**
And since we've no place to go,

     F7   **B♭**
Let it snow, let it snow, let it snow!

Verse 2

       B♭   **Cm7**   **Dm7**   **E♭maj7**
It doesn't show signs of stopping,

      Dm7   **C#dim** **Cm7**   **F7**
And I've bought some corn for popping.

     Cm7   **G7**   **Cm7 C#dim**
The lights are turned way down low,

     F7   **B♭**
Let it snow, let it snow, let it snow!

Verse 3

      F   **C7**   **F**
When we finally kiss good - night,

        Gm   **C7**   **F**
How you'll hate going out in the storm,

    F   **C7**   **F**
But if you really hold me tight,

G7   **C7**   **F**
All the way home you'll be warm.

Verse 4

     B♭   **Cm7**   **Dm7** **E♭maj7**
The fire is slowly dying,

    Dm7 C♯dim   **Cm7** **F7**
And dear   we're still good - bying,

       Cm   **G7**   **Cm C♯dim**
But as long as you love me so,

    F7   **B♭**
Let it snow, let it snow, let it snow!

Instrumental | **F C7** | **F F♯m7♭5** | **Gm C7** | **F**   ‖

    F   **C7**   **F**
But if you really hold me tight,

G7   **C7**   **F**
All the way home you'll be warm.

Verse 5

     B♭   **Cm7**   **Dm7** **E♭maj7**
The fire is slowly dying,

    Dm7 C♯dim   **Cm7** **F7**
And dear   we're still good - bying,

       Cm7   **G7**   **Cm7 C♯dim**
But as long as you love me so,

    F7   **B♭**
Let it snow, let it snow!

Little Saint Nick

Words & Music by Brian Wilson & Mike Love

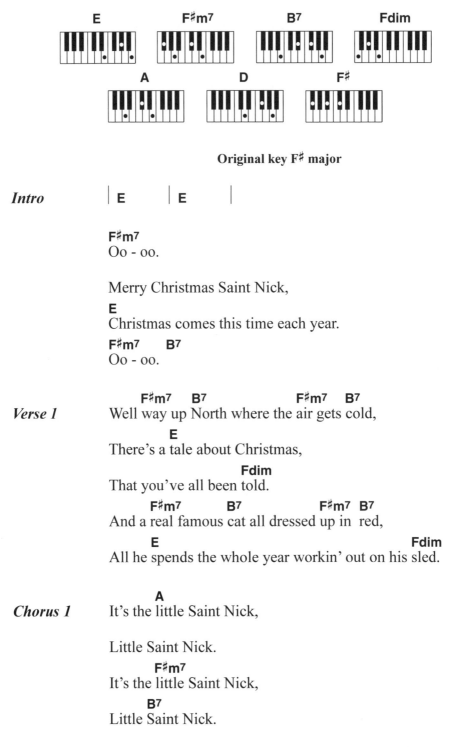

Original key F♯ major

Intro
| E | E | |

F♯m7
Oo - oo.

Merry Christmas Saint Nick,
E
Christmas comes this time each year.
F♯m7   **B7**
Oo - oo.

         F♯m7   **B7**   **F♯m7**   **B7**
Verse 1   Well way up North where the air gets cold,
                E
There's a tale about Christmas,
                   Fdim
That you've all been told.
           F♯m7   **B7**   **F♯m7** **B7**
And a real famous cat all dressed up in red,
             E   **Fdim**
All he spends the whole year workin' out on his sled.

           A
Chorus 1   It's the little Saint Nick,

Little Saint Nick.
           F♯m7
It's the little Saint Nick,
        B7
Little Saint Nick.

Verse 2
      F♯m7   B7   F♯m7   B7

Just a little bob - sled we call that old Saint Nick,

         E   Fdim

But she'll walk a toboggan with a four speed stick.

      F♯m7   B7   F♯m   B7

She's candy apple red with a ski for a wheel,

         E   Fdim

And when Santa hits the gas man, just watch her peel!

Chorus 2   As Chorus 1

      A   D
Middle
Run, run reindeer, run, run reindeer.

      A   F♯

Run, run reindeer, run, run reindeer.

N.C.

He don't miss no one.

Verse 3
      F♯m7   B7   F♯m7   B7

And haulin' through the snow at a frightening speed,

         E   Fdim

With a half a dozen deer with Rudy to lead.

      F♯m7   B7   F♯m   B7

He's got to wear his goggles 'cause the snow really flies,

         E   Fdim

And he's cruisin' every path with a little sur - prise.

      A
Chorus 3
It's the little Saint Nick,

Little Saint Nick.

      E

It's the little Saint Nick,

      Fdim

Little Saint Nick.

      F♯m7 B7
Outro
Oo - oo,

      F♯m7 B7   E

Merry Christmas Saint Nick,

                      Fdim

Christmas comes this time each year.   *Repeat Outro to fade*

Lonely This Christmas

Words & Music by Nicky Chinn & Mike Chapman

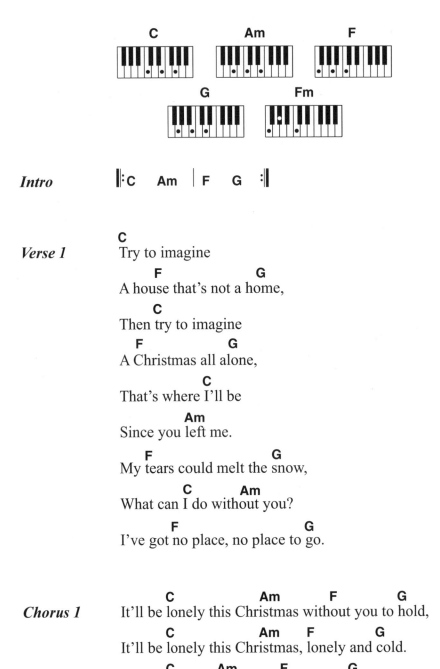

Intro   ‖: C   Am | F   G   :‖

Verse 1

     C
Try to imagine

     F   G
A house that's not a home,

     C
Then try to imagine

     F   G
A Christmas all alone,

          C
That's where I'll be

          Am
Since you left me.

     F   G
My tears could melt the snow,

          C   Am
What can I do without you?

          F   G
I've got no place, no place to go.

Chorus 1

          C   Am   F   G
It'll be lonely this Christmas without you to hold,

          C   Am F   G
It'll be lonely this Christmas, lonely and cold.

          C   Am   F   G
It'll be cold, so cold, without you to hold

          C   F C G
This Christmas.

Verse 2

   C
Each time I remember

      F   G
The day you went away,

       C
And how I wouldn't listen

      F   G
To the things you had to say.

      C   Am
I just break down as I look around

       F   G
And the only things I see

      C   Am
Are emptiness and loneliness

       F   G
And an unlit Christmas Tree.

Chorus 2

       C   Am   F   G
It'll be lonely this Christmas without you to hold,

       C   Am   F   G
It'll be lonely this Christmas, lonely and cold.

       C   Am   F   G
It'll be cold, so cold, without you to hold

       C   F C G
This Christmas.

Chorus 3

       C   Am   F   G
It'll be lonely this Christmas without you to hold,

       C   Am   F   G
It'll be lonely this Christmas, lonely and cold.

       C   Am   F   G
It'll be cold, so cold, without you to hold

       C   F Fm C
This Christmas.

Outro
(Spoken)

Merry Christmas darling, wherever you are.

Mistletoe And Wine

Words by Leslie Stewart & Jeremy Paul
Music by Keith Strachan

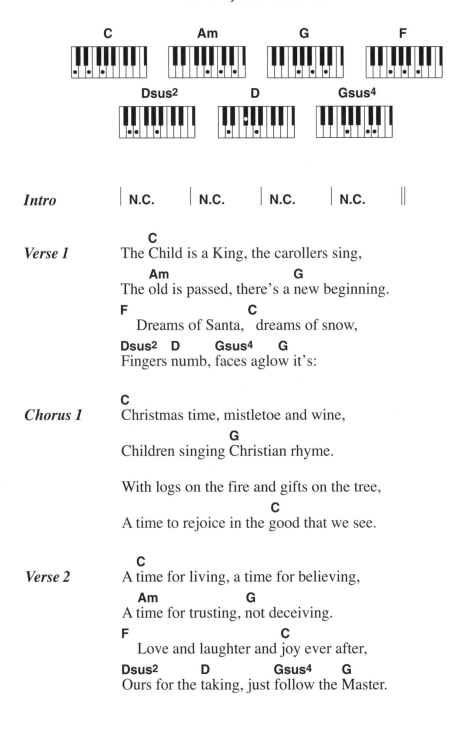

Intro | N.C. | N.C. | N.C. | N.C. ‖

Verse 1
      C
The Child is a King, the carollers sing,
      Am   **G**
The old is passed, there's a new beginning.
F   **C**
    Dreams of Santa,   dreams of snow,
Dsus2 D   **Gsus4**   **G**
Fingers numb, faces aglow it's:

Chorus 1
     C
Christmas time, mistletoe and wine,
           G
Children singing Christian rhyme.

With logs on the fire and gifts on the tree,
                C
A time to rejoice in the good that we see.

Verse 2
     C
A time for living, a time for believing,
     Am   **G**
A time for trusting, not deceiving.
F   **C**
    Love and laughter and joy ever after,
Dsus2   **D**   **Gsus4**   **G**
Ours for the taking, just follow the Master.

Chorus 2	C Christmas time, mistletoe and wine, G Children singing Christian rhyme. With logs on the fire and gifts on the tree, C A time to rejoice in the good that we see.

Chorus 2

C
Christmas time, mistletoe and wine,

           G
Children singing Christian rhyme.

With logs on the fire and gifts on the tree,
                C
A time to rejoice in the good that we see.

Verse 3

       C
A time for giving, a time for getting,

       Am   G
A time for forgiving and forgetting.
F   C
Christmas is love, Christmas is peace,
Dsus2   D   Gsus4   G
A time for hating and fighting to cease.

Chorus 3

C
Christmas time, mistletoe and wine,

           G
Children singing Christian rhyme.

With logs on the fire and gifts on the tree,
                C
A time to rejoice in the good that we see.

Chorus 4

C
Christmas time, misletoe and wine,

           G
Children singing Christian rhyme.

With logs on the fire and gifts on the tree,
                C
A time to rejoice in the good that we see.

My Only Wish (This Year)

Words & Music by Joshua Schwartz & Brian Kierulf

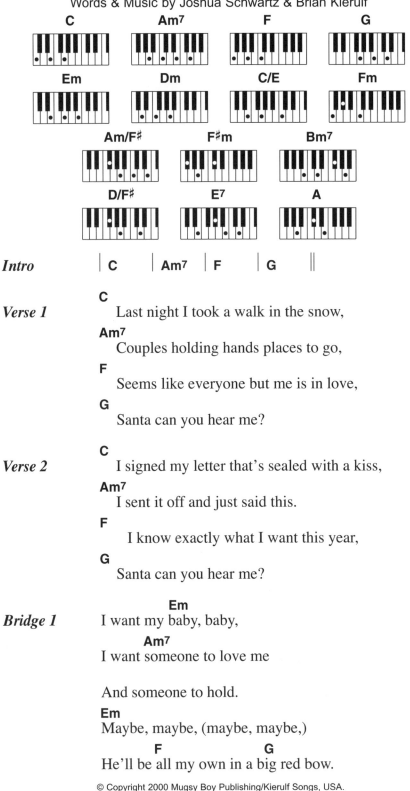

C	Am7	F	G
Em	Dm	C/E	Fm
Am/F♯	F♯m	Bm7	
D/F♯	E7	A	

Intro | C | Am7 | F | G ||

Verse 1

C
Last night I took a walk in the snow,

Am7
Couples holding hands places to go,

F
Seems like everyone but me is in love,

G
Santa can you hear me?

Verse 2

C
I signed my letter that's sealed with a kiss,

Am7
I sent it off and just said this.

F
I know exactly what I want this year,

G
Santa can you hear me?

Bridge 1

Em
I want my baby, baby,

Am7
I want someone to love me

And someone to hold.

Em
Maybe, maybe, (maybe, maybe,)

F   **G**
He'll be all my own in a big red bow.

Chorus 1

```
         C              F
Santa can you hear me,
   Dm                G
   I have been so good this year
        C            F
And all I want is one thing
   Dm                G
   Tell me my true love is here.
        Em       Am7
He's all I want just for me,
   Em              Am7
Underneath my Christmas tree,
   F               C/E
I'll be waiting here,
      Dm          G          C
Santa that's my only wish this year.
```

Interlude | Am⁷ | F | G   ‖

Verse 3

```
   C
   Christmas Eve, I just can't sleep,
   Am7
   Would I be wrong, for taking a peek.
   F
   'Cause I heard that you're comin' to town,
   G
   Santa can you hear me?
```

Verse 4

```
   C
   I really hope that you're on your way,
   Am7
   With something special for me in your sleigh.
   F
   Oh please, make my wish come true.
   G
   Santa can you hear me?
```

Bridge 2

```
          Em
   I want my baby, baby,
        Am7
I want someone to love me

And someone to hold.
   Em
Maybe, maybe, (maybe, maybe,)
       F              G
We'll be all alone under the mistletoe.
```

Chorus 2

    C   F   Dm   G
Santa can you hear me,   I have been so good this year

       C   F   Dm   G
And all I want is one thing,   tell me my true love is here.

       Em   Am⁷   Em   Am⁷
He's all I want just for me, underneath my Christmas tree,

F   C/E Dm   G   C
I'll be waiting here, Santa that's my only wish this year.

Middle

       F   Fm   C
I hope my letter reaches you in time,

       F   Fm   C
Bring me a love I can call all mine.

         E⁷   Am⁷   Am/F♯
'Cause I have been so good, so good this year,

      F
Can't be alone under the mistletoe,

      G   A
He's all I want in a big red bow.

Chorus 3

N.C.
Santa can you hear me, I have been so good this year.

And all I want is one thing, tell me my true love is here.

       F♯m   Bm⁷
He's all I want, just for me

       F♯m   Bm⁷
Underneath my Christmas tree.

     G   D/F♯
I'll be waiting here,

Em   A   D   G
Santa that's my only wish this year.

       Em   A   D   G
Oh Santa can you hear me?

       Em   A
Oh Santa.

Coda

       F♯m   Bm⁷
He's all I want, just for me

       F♯m   Bm⁷   G   D/F♯
Underneath my Christmas tree, I'll be waiting here.

     Em   A   D
Santa that's my only wish this year,

      Em   A   D
Santa that's my only wish this year.

O Christmas Tree

Traditional

G   Am   D7   E

G
O Christmas Tree,

O Christmas Tree,
     Am   **D7**   **G**
You stand in verdant beauty!

O Christmas Tree,

O Christmas Tree,
     Am   **D7**   **G**
You stand in verdant beauty!
                  E   **Am**
Your boughs are green in summer's glow
 D7   **G**
And do not fade in winter's snow.

O Christmas Tree,

O Christmas Tree,
     Am   **D7**   **G**
You stand in verdant beauty!

O Little Town Of Bethlehem

Words by Phillips Brooks
Music by Lewis Redner

D   G   C

Am   Em   Bm

Verse 1

D G C G   Am G   Em D
O   lit-tle town of   Beth - le - hem,

Em Am G   C   D   G
How still we see thee lie!

D   G   C G   Am G   Em D
A - bove thy deep and dreamless sleep

Em Am G   C   D G
The si - lent stars go by.

Em Bm   C   D   G Em D
Yet in the dark streets shi - neth

       G   Am   Em D
The ever-last - ing light:

Em   D G   C   G   Am G Em D
The ___ hopes and fears of   all the years

Em Am G C   D G
Are met in Thee to-night.

Verse 2

D G   C G   Am G Em D
O morning stars, to - geth - er,

Em Am   G   C D G
Pro - claim the Ho-ly birth,

D   G   C G   Am G   Em D
And praises sing to   God the   King,

Em Am   G   C   D G
And peace to men on earth;

Em Bm   C   D G Em D
For Christ is born of Ma - ry,

       G   Am Em D
And gathered all   a - bove,

Em   D G   C   G   Am G Em D
While ___ mortals sleep the   Angels keep

Em   Am   G C D   G
Their watch of wondering love.

Verse 3

D   G   C   G Am G Em   D
How si - lent - ly, how si - lent - ly,

Em Am G   C   D G
The wondrous gift is given!

D   G   C G   Am G Em D
So God im-parts to   hu-man hearts

Em Am G C D G
The blessing of His heaven.

Em Bm   C   D   G Em D
No ear may hear His com - ing;

      G   Am   Em D
But in this world of   sin,

Em   D   G   C   G Am G   Em   D
Where ____ meek souls will re - ceive Him, still

Em Am G   C D G
The dear Christ en-ters in.

Verse 4

D   G C   G   Am G Em D
Where children pure and hap - py

Em Am G C   D G
Pray to   the blesséd Child,

D   G   C G Am G Em D
Where mis - er - y cries out to   Thee,

Em Am G C D G
Son of   the mother mild;

Em   Bm C D   G Em D
Where charity stands watch - ing

      G   Am Em D
And faith holds wide the   door,

Em D G   C   G   Am G   Em D
The ____ dark night wakes, the glo - ry breaks,

Em Am   G C   D   G
And Christmas comes once more.

Verse 5

D G C G   Am G   Em D
O ho - ly Child of   Beth - le - hem,

Em Am G C D G
Des-cend to us we pray;

D   G   C G Am G Em D
Cast out our sin and en-ter in,

Em Am G C D G
Be born in us to-day.

Em Bm   C   D G Em D
We hear the Christmas An - gels

      G   Am Em D
The great glad tid - ings tell:

Em D G   C G Am G   Em D
O____ come to us, a - bide with us,

Em Am G C   D G
Our Lord Emman - u - el.

Santa Baby

Words & Music by Joan Javits, Phil Springer &
Tony Springer

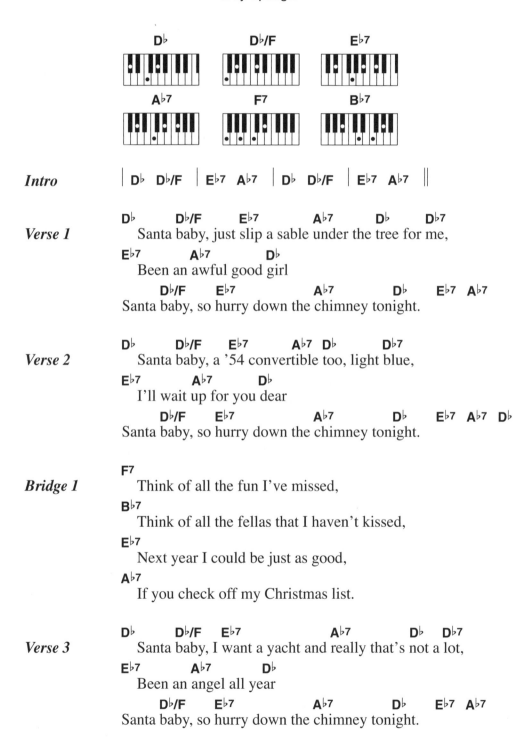

Intro
| Db   Db/F | Eb7   Ab7 | Db   Db/F | Eb7   Ab7 ||

Verse 1
Db   Db/F   Eb7   Ab7   Db   Db7
Santa baby, just slip a sable under the tree for me,
Eb7   Ab7   Db
Been an awful good girl
        Db/F   Eb7   Ab7   Db   Eb7 Ab7
Santa baby, so hurry down the chimney tonight.

Verse 2
Db   Db/F   Eb7   Ab7 Db   Db7
Santa baby, a '54 convertible too, light blue,
Eb7   Ab7   Db
I'll wait up for you dear
        Db/F   Eb7   Ab7   Db Eb7 Ab7 Db
Santa baby, so hurry down the chimney tonight.

Bridge 1
F7
Think of all the fun I've missed,
Bb7
Think of all the fellas that I haven't kissed,
Eb7
Next year I could be just as good,
Ab7
If you check off my Christmas list.

Verse 3
Db   Db/F Eb7   Ab7   Db Db7
Santa baby, I want a yacht and really that's not a lot,
Eb7   Ab7   Db
Been an angel all year
        Db/F   Eb7   Ab7   Db Eb7 Ab7
Santa baby, so hurry down the chimney tonight.

Verse 4

D♭   D♭/F   E♭7   A♭7   D♭   D♭7
Santa honey,   one little thing I really need the deed,

E♭7   A♭7   D♭
To a platinum mine

       D♭/F   E♭7   A♭7   D♭   E♭7   A♭7
Santa baby, so hurry down the chimney tonight.

Verse 5

D♭   D♭/F   E♭7   A♭7   D♭   D♭7
Santa cutie,   and fill my stocking with a duplex and cheques,

E♭7   A♭7   D♭
Sign your x on the line

D♭   D♭/F   E♭7   A♭7   D♭   D♭/F   E♭7   A♭7   D♭
Santa cutie, and hurry down the chimney tonight.

Bridge 2

F7
Come and trim my Christmas tree,

B♭7
With some decorations bought at Tiffany,

E♭7
I really do believe in you,

A♭7
Let's see if you believe in me.

Verse 6

D♭   D♭/F   E♭7   A♭7   D♭   D♭7
Santa baby, forgot to mention one little thing a ring,

E♭7   A♭7   D♭
I don't mean on the phone

       D♭/F   E♭7   A♭7   D♭   D♭/F
Santa baby, so hurry down the chimney tonight.

E♭7   A♭7   D♭   D♭/F
Hurry down the chimney tonight,

E♭7   A♭7   D♭
Hurry   tonight.

Silent Night

Words by Joseph Mohr
Music by Franz Gruber

C   G7   F

Verse 1

C
Silent night, holy night!

G7   C
All is calm, all is bright.

F   C
Round yon Virgin mother and child,

F   C
Holy infant so tender and mild.

G7   C
Sleep in heavenly peace, __

        G7   C
Sleep in heavenly peace.

Verse 2

C
Silent night, holy night,

G7   C
Shepherds wake at the sight;

F   C
Glory streams from heaven afar,

F   C
Heaven hosts sing Alleluia.

G7   C
Christ the Saviour is born! __

        G7   C
Christ the Saviour is born!

Verse 3

C
Silent night, holy night,

G7   C
Son of God, love's pure light;

F   C
Radiance beams from Thy holy face,

F   C
With the dawn of redeeming grace,

G7   C
Jesus, Lord at Thy birth, __

        G7   C
Jesus, Lord at Thy birth.

Stop The Cavalry

Words & Music by Jona Lewie

A   E   G   D

Intro |A |E |A |E |

Verse 1

A   E
Hey, Mr Churchill comes over here,

A   E
To say we're doing splendidly,

A   E
But it's very cold out here in the snow,

A   E
Marching to and from the enemy.

A   E
Oh, I say, it's tough, I have had enough,

A   E   A |A |
Can you stop the Cavalry?

Interlude |A |E |A |E |A |E |A |E |

|A |E |A E |A |A |

Verse 2

A   E
I have had to fight almost every night,

A   E
Down throughout these centuries,

A   E
That is when I say, oh yes, yet again,

A   E   A |A |
Can you stop the Cavalry?

Bridge 1

E   A
Mary Bradley waits at home,

E   A
In the nuclear fall-out zone,

E   A
Wish I could be dancing now,

E   A |A |A |A |
In the arms of the girl I love.

Chorus 1

E
Dum a dum a dum, dum.

Dum a dum a dum.

　　　A
Dum a dum dum dum a dum,

Dum a dum a dum.

E
Dum a dum a dum, dum.

Dum a dum a dum.

　　　A
Dum a dum dum dum a dum,

Dum a dum a dum.

G　　　　　　　　　　　D
Wish I was at home for Christmas.

Interlude 2　　|A　D　|A　　|A　D　|A　　|A　D　|A　　|A　D　|A　　|A

Verse 3

A
Bang! goes another bomb,

E
On another town,

A　　　　　　　E
While the czar and jim have tea.

A
If I get home,

E
Live to tell the tale,

A　　　　　　E
I'll run for all presidencies.

　A　　　　　E
If I get elected I'll stop,

A　　　　　E　　A
I will stop the Cavalry.

Interlude 3　　|A　　　|E　　|A　　　|E　　|A　　|E　　|A　　|E

　　　　　　　　|A　　　|E　　|A　E　|A　　|A　　|A　　|A　　|

Chorus 2
E
Dum a dum a dum, dum.

Dum a dum a dum.

   A
Dum a dum dum dum a dum,

Dum a dum a dum.
E
Dum a dum a dum, dum.

Dum a dum a dum.

   A
Dum a dum dum dum a dum,

Dum a dum a dum.
G   D
Wish I was at home for Christmas.

Bridge 2
E   A
Wish I could be dancing now,
E   A
In the arms of the girl I love,
E   A
Mary Bradley waits at home,
E   A |A |A |A
She's been home waiting two years long.
G   D
Wish I was at home for Christmas.

Outro |A   D |A |A   D |A |A   D |A |

            |A   D |⌢
A   ‖

Silver Bells

Words & Music by Jay Livingston & Ray Evans

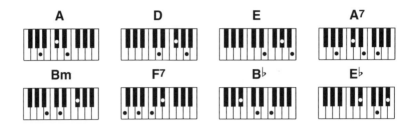

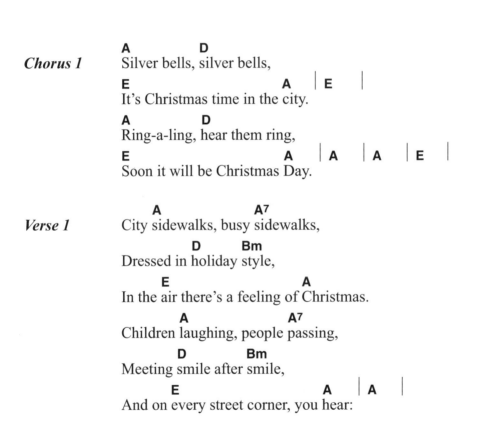

Chorus 1

A   D
Silver bells, silver bells,

E   A | E |
It's Christmas time in the city.

A   D
Ring-a-ling, hear them ring,

E   A | A | A | E |
Soon it will be Christmas Day.

Verse 1

A   A7
City sidewalks, busy sidewalks,

D Bm
Dressed in holiday style,

E   A
In the air there's a feeling of Christmas.

A   A7
Children laughing, people passing,

D Bm
Meeting smile after smile,

E   A | A |
And on every street corner, you hear:

Chorus 2

A   D
Silver bells, silver bells,

E   A | E |
It's Christmas time in the city.

A   D
Ring-a-ling, hear them ring,

E   A | A | A | E |
Soon it will be Christmas Day.

Verse 2

           A A^7
Strings of street lights, even stop lights,

       D   Bm
Blinker bright red and green,

       E   A
As the shoppers rush home with their treasures.

.   A A^7
Hear the snow crunch, see the kids bunch,

     D   Bm
This is Santa's big scene,

       E   A | F^7 |
And a - bove all this bustle you hear.

Chorus 3

B♭   E♭
Silver bells, silver bells,

F   B♭ | F |
It's Christmas time in the city.

B♭   E♭
Ring-a-ling, hear them ring,

F   B♭ | B♭
Soon it will be Christmas Day.

F   B♭
Soon it will be Christmas Day.

A Spaceman Came Travelling

Words & Music by Chris de Burgh

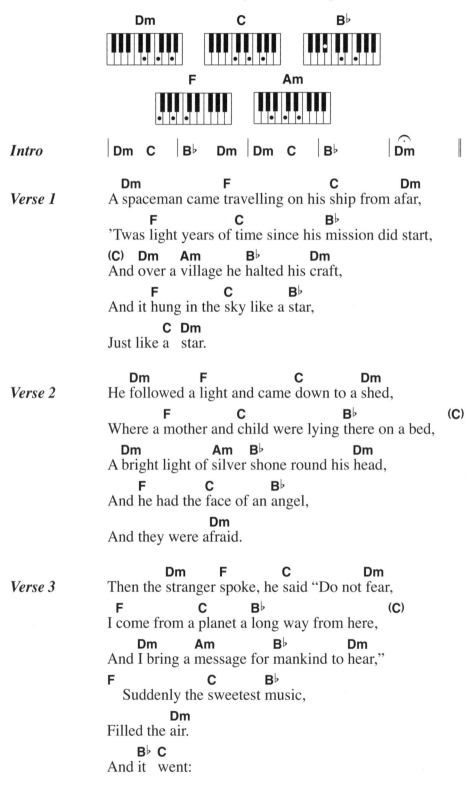

Intro | Dm C | B♭ Dm | Dm C | B♭ | Dm   ‖

Verse 1
        Dm   F   C   Dm
A spaceman came travelling on his ship from afar,
      F   C   B♭
'Twas light years of time since his mission did start,
(C) Dm   Am   B♭   Dm
And over a village he halted his craft,
      F   C   B♭
And it hung in the sky like a star,
       C Dm
Just like a   star.

Verse 2
        Dm   F   C   Dm
He followed a light and came down to a shed,
       F   C   B♭   (C)
Where a mother and child were lying there on a bed,
Dm   Am B♭   Dm
A bright light of silver shone round his head,
      F   C   B♭
And he had the face of an angel,
            Dm
And they were afraid.

Verse 3
        Dm   F   C   Dm
Then the stranger spoke, he said "Do not fear,
F   C   B♭   (C)
I come from a planet a long way from here,
    Dm   Am   B♭   Dm
And I bring a message for mankind to hear,"
F   C   B♭
   Suddenly the sweetest music,
       Dm
Filled the air.
   B♭ C
And it   went:

Chorus 1

Dm   Am   B♭   Dm
La, la, la, la, la, la, la, la, la, la.
F   C   B♭   (C)
La, la, la, la, la, la, la.
Dm   Am   B♭   Dm
La, la, la, la, la, la, la, la, la, la.
F   C   B♭
Peace and goodwill to all men,
             C |Dm |Dm B♭ C |
And love for the child.
Dm   Am   B♭   Dm
La, la, la, la, la, la, la, la, la, la.
F   C   B♭   (C)
La, la, la, la, la, la, la.
Dm   Am   B♭   Dm
La, la, la, la, la, la, la, la, la, la.
F   C   B♭   Dm͡
Oo. _____

Verse 4

        Dm   F   C   Dm
This lovely music went trembling through the ground,
      F   C   B♭   (C)
And many were wakened on hearing that sound,
      Dm   Am   B♭   Dm
And travellers on the road, the village they found,
        F   C   B♭
By the light of that ship in the sky,
           C   Dm
Which shone all round.

Verse 5

        Dm   F   C   Dm
And just before dawn at the paling of the sky,
      F   C   B♭   (C)
The stranger returned and said "Now I must fly,
      Dm   Am   B♭   Dm
When two thousand years of your time has gone by,
        F   C   B♭
This song will begin once again,
        C   Dm
To a baby's cry . . . "
      B♭   C
And it   went,

Chorus 2   As Chorus 1   *to fade*

Step Into Christmas

Words & Music by Elton John & Bernie Taupin

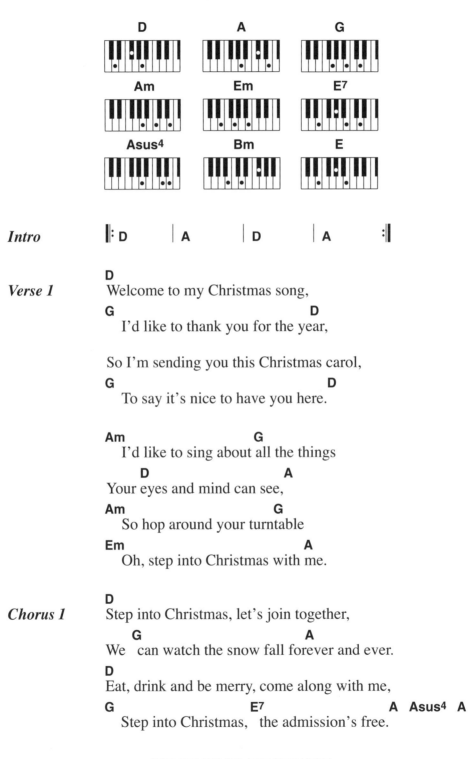

Intro ‖: D | A | D | A :‖

Verse 1

D
Welcome to my Christmas song,
G   D
 I'd like to thank you for the year,

So I'm sending you this Christmas carol,
G   D
 To say it's nice to have you here.

Am   G
 I'd like to sing about all the things
   D   A
Your eyes and mind can see,
Am   G
 So hop around your turntable
Em   A
 Oh, step into Christmas with me.

Chorus 1

D
Step into Christmas, let's join together,
  G   A
We can watch the snow fall forever and ever.
D
Eat, drink and be merry, come along with me,
G   E7   A Asus4 A
 Step into Christmas, the admission's free.

Verse 2

    D
Take care in all you do next year,

G   **D**
  You keep smiling through the days,

If we can help you, entertain you,

G   **D**
  Oh ho, we will find a way.

    Am   **G**
So merry Christmas one   and all,

         D   **A**
There's no place I'd rather be

Am   **G**
But asking you if you'll oblige,

Em   **A**   **Asus4** **A**
Steppin' into Christmas with me.

Chorus 2

D
Step into Christmas, let's join together,

    G   **A**
We can watch the snow fall forever and ever.

D
Eat, drink and be merry, come along with me,

G   **E7**   **A** **Asus4** **A**
  Step into Christmas,   the admission's free.

Instrumental | D | G | A | D | Bm | E | A | A |

                     | D | A | D | A | D | A | D | A   ‖

Verse 3   As Verse 1

Chorus 3   ‖: As Chorus 1 :‖ *Repeat to fade*

We Three Kings Of Orient Are

Words & Music by John Henry Hopkins

Verse 1

Em   B7   Em
We three kings of Orient are,

                   B7   Em
Bearing gifts we traverse afar,

           D   G
Field and fountain, moor and mountain,

Am   Em B7 Em
Following yon-der star.

D   G   C   G
O__ star of wonder, star of night,

                 C   G
Star with royal beauty bright.

              D   C   D
Westward leading, still proceeding,

G   C   G
Guide us to the perfect light.

Verse 2

Em   B7   Em
Born a King on Bethlehem's plain,

                  B7   Em
Gold I bring, to crown Him again,

           D   G
King for ever, ceasing never,

Am   Em B7 Em
Over us all to reign.

D   G   C   G
O__ star of wonder, star of night,

                 C   G
Star with royal beauty bright.

             D   C   D
Westward leading, still proceeding,

G   C   G
Guide us to the perfect light.

Verse 3

Em   B7   Em
Frankincense to offer have I,

       B7   Em
God on earth yet Priest on high

     D   G
Prayer and praising, all men raising

Am   Em B7 Em
Worshipping God most high.

D G   C   G
O__ star of wonder, star of night,

         C   G
Star with royal beauty bright.

       D   C   D
Westward leading, still proceeding,

G   C   G
Guide us to the perfect light.

Verse 4

Em   B7   Em
Myrrh is mine, its bitter perfume

       B7   Em
Breathes a life of gathering gloom;

     D   G
Sorrowing, sighing, bleeding, dying,

Am   Em B7 Em
Sealed in the stone-cold tomb.

D G   C   G
O__ star of wonder, star of night,

         C   G
Star with royal beauty bright.

       D   C   D
Westward leading, still proceeding,

G   C   G
Guide us to the perfect light.

Verse 5

Em   B7   Em
Glorious now behold Him arise,

       B7 Em
King and God and sacrifice,

   D G
Alleluia, Alleluia;

Am   Em B7 Em
Earth to the hea-vens replies.

D G   C   G
O__ star of wonder, star of night,

         C   G
Star with royal beauty bright.

       D   C   D
Westward leading, still proceeding,

G   C   G
Guide us to the perfect light.

We Wish You A Merry Christmas

Traditional

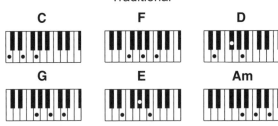

Verse 1

      C   F
We wish you a merry Christmas,
      D   G
We wish you a merry Christmas,
      C   E   Am
We wish you a merry Christmas
C   F   G   C
And a happy New Year.

Chorus 1

G   C   D G
Good tidings we bring
E Am   D   G
To you and your kin;
    C   G   D   G
We wish you a merry Christmas
C   F   G   C
And a happy New Year.

Verse 2

      C   F
Now bring us some figgy pudding,
      D   G
Now bring us some figgy pudding,
      C   E   Am
Now bring us some figgy pudding
C   F   G C
And bring some out here.

Chorus 2

G   C   D G
Good tidings we bring
E Am   D   G
To you and your kin;
    C   G   D   G
We wish you a merry Christmas
C   F   G   C
And a happy New Year.

Verse 3

       C   F
For we all like figgy pudding,

       D   G
For we all like figgy pudding,

      C   E   Am
For we all like figgy pudding,

C F   G C
So bring some out here.

Chorus 3

G   C   D G
Good tidings we bring

E Am   D   G
To you and your kin;

   C   G   D   G
We wish you a merry Christmas

C   F   G   C
And a happy New Year.

Verse 4

       C   F
And we won't go till we've got some,

       D   G
And we won't go till we've got some,

      C   E   Am
And we won't go till we've got some,

C F   G C
So bring some out here.

Chorus 4

G   C   D G
Good tidings we bring

E Am   D   G
To you and your kin;

   C   G   D   G
We wish you a merry Christmas

C   F   G   C
And a happy New Year.

    C   G   D   G
We wish you a merry Christmas

       F   G   C
And a happy New Year.

Winter Wonderland

Words by Richard Smith
Music by Felix Bernard

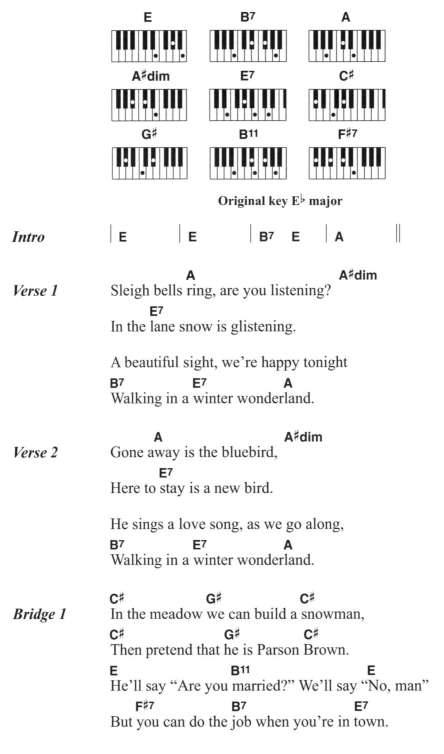

Original key E♭ major

Intro | E | E | B7 E | A ||

Verse 1
                         A   A♯dim
Sleigh bells ring, are you listening?
        E7
In the lane snow is glistening.

A beautiful sight, we're happy tonight
B7   E7   A
Walking in a winter wonderland.

Verse 2
                         A   A♯dim
Gone away is the bluebird,
            E7
Here to stay is a new bird.

He sings a love song, as we go along,
B7   E7   A
Walking in a winter wonderland.

Bridge 1
            C♯   G♯   C♯
In the meadow we can build a snowman,
C♯   G♯   C♯
Then pretend that he is Parson Brown.
E   B11   E
He'll say "Are you married?" We'll say "No, man"
        F♯7   B7   E7
But you can do the job when you're in town.

Verse 3

$\qquad\quad$ A $\qquad\qquad\qquad\qquad$ A#dim
Later on we'll conspire
$\qquad\quad$ E7
As we dream by the fire,

To face unafraid the plans that we made
B7 $\qquad\qquad$ E7 $\qquad\qquad$ A
Walking in a winter wonderland.

Verse 4 $\qquad$ As Verse 1

Verse 5 $\qquad$ As Verse 2

Bridge 2

C# $\qquad\qquad\quad$ G# $\qquad\qquad\qquad$ C#
In the meadow we can build a snowman
C# $\qquad\qquad\quad$ G# $\qquad\qquad$ C#
And pretend that he's a circus clown.
E $\qquad\qquad\qquad$ B11 $\qquad\qquad\quad$ E
We'll have lots of fun with Mister Snowman
$\quad$ F#7 $\qquad\qquad$ B7 $\qquad\qquad\qquad$ E7
Until the other kiddies knock him down.

Verse 6

$\qquad\qquad\quad$ A $\qquad\qquad\qquad\qquad$ A#dim
When it snows, ain't it thrilling?
$\qquad\qquad\quad$ E7
Though your nose gets a chilling.

We'll frolic and play the Eskimo way,
B7 $\qquad\qquad$ E7 $\qquad\qquad$ A $\qquad$ E
Walking in a winter wonderland,
B7 $\qquad\qquad$ E7 $\qquad\qquad$ A
Walking in a winter wonderland.

A Winter's Tale

Words & Music by Mike Batt & Tim Rice

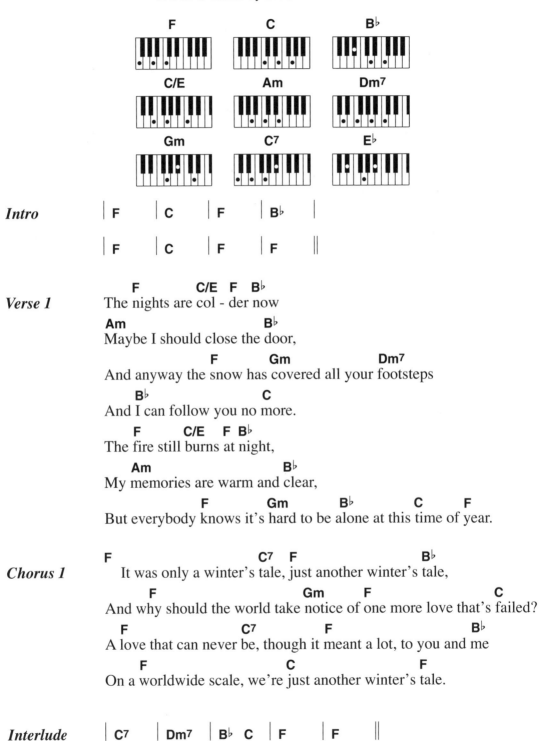

Intro

| F | C | F | B♭ |

| F | C | F | F |

Verse 1

F   C/E F B♭
The nights are col - der now
Am   B♭
Maybe I should close the door,
                   F   Gm   Dm7
And anyway the snow has covered all your footsteps
      B♭   C
And I can follow you no more.
        F   C/E   F B♭
The fire still burns at night,
       Am   B♭
My memories are warm and clear,
          F   Gm   B♭   C   F
But everybody knows it's hard to be alone at this time of year.

Chorus 1

  F   C7 F   B♭
  It was only a winter's tale, just another winter's tale,
    F   Gm   F   C
And why should the world take notice of one more love that's failed?
    F   C7   F   B♭
A love that can never be, though it meant a lot, to you and me
    F   C   F
On a worldwide scale, we're just another winter's tale.

Interlude

| C7 | Dm7 | B♭ C | F | F |

Verse 2

   F   **C/E** **F** **B♭**
While I stand a - lone

    Am   **B♭**
A bell is ringing far away,

                F   **Gm**   **Dm7**
I wonder if you hear, I wonder if you're listening,

   B♭   **C**
I wonder where you are today.

     F   **C/E** **F** **B♭**
Good luck, I wish you well,

     Am   **B♭**
For all that wishes may be worth,

             F   **Gm**
I hope that love and strength are with you

   B♭   **C**   **F**
For the length of your time on Earth.

Chorus 2

F   **C7** **F**   **B♭**
  It was only a winter's tale, just another winter's tale,

   F   **Gm**   **F**   **C**
And why should the world take notice of one more love that's failed?

   F   **C7**   **F**   **B♭**
It's a love that can never be, though it meant a lot, to you and me

   F   **C**   **E♭** | **E♭** |
On a worldwide scale, we're just another winter's tale.

Chorus 3

    C **F**   **C7** **F**   **B♭**
It was only a winter's tale, just another winter's tale,

   F   **Gm**   **F**   **C**
And why should the world take notice of one more love that's failed?

   F   **C7**   **F**   **B♭**
It's a love that can never be, though it meant a lot, to you and me

   F   **C**   **F**
On a worldwide scale, we're just another winter's tale.

Outro | **F** | **C7** | **Dm7** | **B♭ C** | **F** | **F**   ‖

Wonderful Christmastime

Words & Music by Paul McCartney

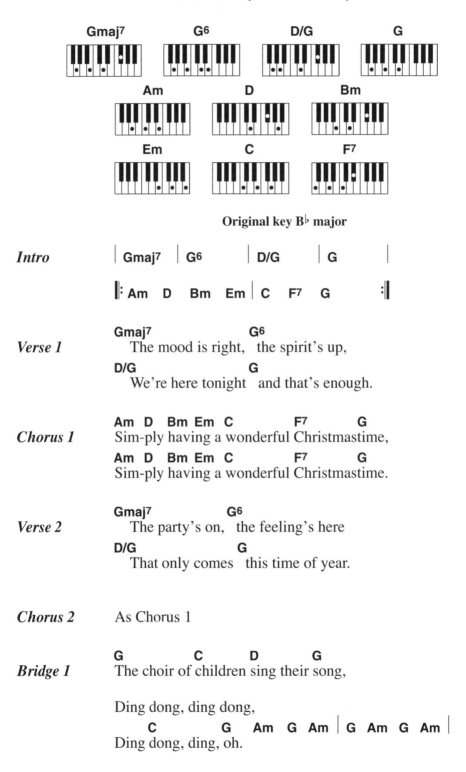

Original key B♭ major

Intro

| Gmaj7 | G6 | | D/G | G | |

‖: Am D Bm Em | C F7 G | :‖

Verse 1

Gmaj7   G6
The mood is right,   the spirit's up,
D/G   G
We're here tonight   and that's enough.

Chorus 1

Am D Bm Em C   F7   G
Sim-ply having a wonderful Christmastime,
Am D Bm Em C   F7   G
Sim-ply having a wonderful Christmastime.

Verse 2

Gmaj7   G6
The party's on,   the feeling's here
D/G   G
That only comes   this time of year.

Chorus 2   As Chorus 1

Bridge 1

G   C   D   G
The choir of children sing their song,

Ding dong, ding dong,
       C   G Am G Am | G Am G Am |
Ding dong, ding, oh.

Instrumental   ‖: Gmaj7 | G6 | D/G | G   :‖

Chorus 3
Am D Bm Em C   F7   G
Sim-ply having a wonderful Christmastime,
Am D Bm Em C   F7   G
Sim-ply having a wonderful Christmastime.

Verse 3
Gmaj7   G6
  The word is out   about the town
D/G   G
  To lift a glass,   ah, don't look down.

Chorus 4
Am D Bm Em C   F7   G
Sim-ply having a wonderful Christmastime.

Bridge 2
G   C   D   G
The choir of children sing their song,
            C   D
They practise all year long.
     Am G Am
Ding dong, ding dong,
G   Am G Am
Ding dong, ding dong,
G   Am G D
Ding dong, ding dong.

Verse 4
Gmaj7   G6
  The party's on,   the spirit's up,
D/G   G
  We're here tonight   and that's enough.

Chorus 5   As Chorus 3

Verse 5
Gmaj7   G6
  The mood is right,   the spirit's up,
D/G   G
  We're here tonight   and that's enough.

Chorus 6   As Chorus 3

Outro | Gmaj7 C | Gmaj7 C | Gmaj7 C | Gmaj7 D | G

The Twelve Days Of Christmas

Traditional

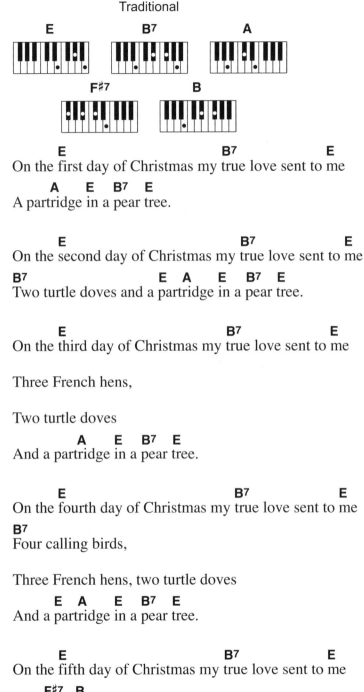

Verse 1

       E   B7   E
On the first day of Christmas my true love sent to me
  A   E B7 E
A partridge in a pear tree.

Verse 2

       E   B7   E
On the second day of Christmas my true love sent to me
B7   E A   E B7 E
Two turtle doves and a partridge in a pear tree.

Verse 3

       E   B7   E
On the third day of Christmas my true love sent to me

Three French hens,

Two turtle doves
     A   E B7 E
And a partridge in a pear tree.

Verse 4

       E   B7   E
On the fourth day of Christmas my true love sent to me
B7
Four calling birds,

Three French hens, two turtle doves
    E A   E B7 E
And a partridge in a pear tree.

Verse 5

       E   B7   E
On the fifth day of Christmas my true love sent to me
   F#7 B
Five gold rings,
E   A   B7
Four calling birds, three French hens, two turtle doves
    E A   E B7 E
And a partridge in a pear tree.

Verse 6

      E   B7   E
On the sixth day of Christmas my true love sent to me

B7
Six geese a-laying,

E   **F♯7** **B**
Five gold rings,

E   **A**   **B7**
Four calling birds, three French hens, two turtle doves

      E **A**   **E** **B7** **E**
And a partridge in a pear tree.

Verse 7

      E   **B7**   **E**
On the seventh day of Christmas my true love sent to me

B7
Seven swans a-swimming,

Six geese a-laying,

E   **F♯7** **B**
Five gold rings, *etc.*

Verse 8

      E   **B7**   **E**
On the eighth day of Christmas my true love sent to me

B7
Eight maids a-milking,

Seven swans a-swimming, six geese a-laying,

E   **F♯7** **B**
Five gold rings, *etc*

Verse 9

      E   **B7**   **E**
On the ninth day of Christmas my true love sent to me

B7
Nine drummers drumming,

Eight maids a-milking, seven swans a-swimming, six geese a-laying,

E   **F♯7** **B**
Five gold rings, *etc*

Verse 10

      E   **B7**   **E**
On the tenth day of Christmas my true love sent to me

B7
Ten pipers piping,

Nine drummers drumming, Eight maids a-milking,

Seven swans a-swimming, six geese a-laying,

E   **F♯7** **B**
Five gold rings, *etc*

Verse 11

          E   **B7**   **E**
On the eleventh day of Christmas my true love sent to me

  B7
Eleven Ladies dancing,

Ten pipers piping, nine drummers drumming, eight maids a-milking,

Seven swans a-swimming, six geese a-laying,

E   **F#7** **B**
Five gold rings, *etc*

Verse 12

          E   **B7**   **E**
On the twelth day of Christmas my true love sent to me

B7
Twelve Lords a-leaping,

Eleven Ladies dancing,

Ten pipers piping,

Nine drummers drumming,

Eight maids a-milking,

Seven swans a-swimming,

Six geese a-laying,

E   **F#7** **B**
Five gold rings,

E
Four calling birds,

A
Three French hens,

B7
Two turtle doves

      E **A**   **E** **B7** **E**
And a partridge in a pear tree.

123456789